Finance & Technology

Fintech

フィンテック入門

はじめに

「フィンテック」(Fintech) という言葉を日本のマスコミやネットでもよく見るようになりました。

この「フィンテック」(Fintech) は、「金融」(Finance) と「技術」(Technology) の融合技術で、今後、世の中の金融の仕組みを大きく変えるとも言われています※。

「フィンテック」に対応する技術は、2000 年ころにはすでにありました。たとえば、「ネット・バンキング」「オンライン・トレード」「金融工学」などが相当します。

「フィンテック」が注目されるようになった要因は、少なくとも 2 つあります。

1 つは「スマートフォン」の普及と、それを支えるインターネット技術の進歩です。

もう 1 つは、いわゆる「人工知能」「ビッグデータ」などの最先端技術の応用です。

「フィンテック」は新しい分野だと言われますが、ある意味ではそうではありません。さまざまな分野の既存の技術を「金融」という分野に集約したとも考えられます。

しかし本書が、「コンピュータ・サイエンス」の観点から「フィンテック」を解説するのは、「コンピュータ・サイエンス」が「フィンテック」を理解するもっとも自然な方法だからです。

もちろん、「フィンテック」は「金融」の形態なので、「金融」の知識も必要になります。また、「フィンテック」は今後発展する分野であり、まったく新しい技術が登場する可能性もあります。

*

「フィンテック」は、「IT」と「金融」を融合する新しい流れであり、それによって、将来、私たちの生活が大きく変わる可能性があります。したがって、その「仕組み」「技術」「動向」を理解することは、極めて重要です。

本書によって、「フィンテック」の、現時点での概要を理解してください。

赤間 世紀

※「フィンテック」の「技術」は「IT」(Information Technology) が中心になる(「IT」は、現在では、「ICT」(Information and Communication Technology) とも言う)。

フィンテック入門

CONTENTS

第1章

序　論

第1章では、「フィンテック」の概要を紹介します。
まず、「フィンテック」の基本的な考え方を説明した後、その「歴史」「応用分野」「関連分野」を紹介します。

1.1　　フィンテックとは

　2015年ごろから「フィンテック」(Fintech)という言葉が日本のマスコミやインターネットで盛んに見られるようになりました。

　「フィンテック」(Fintech, FinTech)は、「金融」(Finance)と「技術」(Technology)の融合技術で、今後、世の中の金融の仕組みを大きく変えるとも言われています。

　なお、「フィンテック」の「技術」は「**IT**」(Information Technology)が中心になります。すなわち、「コンピュータ」や「インターネット」に関する技術です。

　「IT」は、現在では、「ICT」(Information and Communication Technology)とも言います。

　「フィンテック」に対応する技術は、2000年代前半にはすでにありました。

　たとえば、「ネット・バンクング」「オンライン・トレード」「金融工学」などがそのような技術に相当します。

　しかし、「フィンテック」が注目さるようになった要因は、少なくとも2つあると考えられます。

①　「スマートフォン」の普及と、それを支える「インターネット」に関連する技術の進歩。
②　いわゆる「人工知能」「ビッグデータ」などの最先端技術の応用。

＊

　現在、「フィンテック」が注目されていますが、その概要は必ずしも明確ではありません。なぜなら、その技術は多様で、研究段階のものも少なくありません。また、現在、「フィンテック」に関する書籍も多くはありません。

　「フィンテック」は、現在、世界的に急速に普及しています。そして、日本政府も「フィンテック」を推進する立場であり、日本でも成長分野の１つと考えられています。よって、我々は、「フィンテック」について正しく理解する必要があります。

1.2　歴　史

　「フィンテック」に相当するサービスが初めて登場したのは、1998 年に創業した「**PayPal**」(ペイパル) だと考えられます。
　当時、「インターネット」は普及途上でしたが、それを利用した金融サービスという点で、注目されました。
　「PayPal」は、現在、「決済サービス」の他、「融資」「資金調達」などのサービスを模索しています。

　融資サービスには、2005 年に創業したイギリスの「**Zopa**」(ゾーパ) や 2006 年に創業した「**Lending Club**」(レンディング・クラブ) などがあります。
　この「インターネットで融資する」という発想は、非常に斬新でした。

　「フィンテック」が世界的に注目されると、日本でもさまざまな動きがありました。

2015 年 5 月　「クラウド・ファンディング」を考慮した「改正金融商品取引法」が施行。

2016 年 4 月　「日本銀行」は「フィンテック・センター」を設置し、「イオン銀行」は指紋認証のみで利用可能な「ATM」の実証実験を開始。

2016 年 5 月　銀行の IT 企業への融資を容易にする「改正銀行法」が成立。これは、銀行や銀行の持ち株会社による事業会社への出資制限を緩和するもので、IT 企業の出資を容易にすると考えられる。

2016 年 7 月　三菱東京 UFJ 銀行が世界最大級のビットコイン取引所への出資を決定。「ビットコイン」は、ネット上で流通する仮想通貨。

*

「フィンテック」の歴史は、まだ浅いと言えます。

　誰が「フィンテック」という用語を最初に用いたかは定かではありませんが、2016 年には一般的に使われるようになったと考えられます。

1.3　応用分野

　「フィンテック」は、さまざまな分野に応用されます。現在、検討されている分野としては、次のようなものがあります。

- 会計
- 送金と決済
- 資産運用
- 資金調達
- 保険
- 不動産

*

「会計」 個人および企業レベルで行なわれる。「個人レベル」では口座の入出力から将来のキャッシュ・フローを予測、「企業レベル」では経営支援に利用。

「送金と決済」 モバイル端末などによる簡単な送金や決済に関するもの。「ビットコイン」「ブロックチェーン」などの新しい技術が用いられている。

「資産運用」 最適な資産配分や投資を提案したり、顧客の融資の可否を短時間に決定したりする。「AI」などの最先端技術が用いられている。

「資金調達」 「インターネット」を利用して幅広く資金を集めるもの。従来の「融資」に比べて、幅広く、より効率的。

「保険」 新商品の開発、資産管理、顧客サービスなどで応用されている。
たとえば、「顧客データ」から最適な保険料を求めるなど。

「不動産」 不動産業務、不動産査定、不動産売買などを IT 化するもの。
「フィンテック」の応用分野としては、比較的新しい。

*

「フィンテック」を利用した上記のようなサービスは、小規模な資金、要員、店舗などで提供できるので、多くのベンチャー企業が参入しています。
もちろん、銀行などの大手企業も「フィンテック」の導入を開始しています。

　ベンチャー企業などが低コストで高付加価値のサービスを実現すれば、金融業界の再編に至るかもしれません。

　しかし、国際的な法整備などの問題も発生しています。「フィンテック」の展望については、**第 8 章**で説明します。

1.4　関連分野

　「フィンテック」は、さまざまな IT 技術を金融に応用したものなので、さまざまな分野と関連しています。

　主な関連分野としては次のようなものがあります。

- 統計学
- 計量経済学
- 金融工学
- 人工知能
- データ・マイニング
- ビッグデータ
- 意思決定理論
- インターネット

　よって、「フィンテック」を理解するには、これらの分野の知識が必要になります。

＊

　「**統計学**」(statistics)　多量のデータを解析するもので、「フィンテック」の基礎技術と考えられる。特に、「時系列分析」は「会計」などの予測に有用。

　「**計量経済学**」(econometrics)　経済現象の経済モデルを構成し、その妥当性を数学的に実証する経済学の一分野。経済モデルの妥当性

の実証は、統計学の手法を用いて行なわれる。

「金融工学」(financial engineering) 金融市場における資産運用の
リスクを工学的に研究する分野。「金融工学」は、経済学、会計学、
数学、工学などの分野と関連し、「フィンテック」の先駆的分野と考
えられる。

「人工知能」(Artificial Intelligence: AI) 人間の知的活動をコン
ピュータで実現することを研究する分野。「フィンテック」で研究
されている「ロボアドバイザー」などは「人工知能」における「ロ
ボット」の研究と密接に関係。

「データ・マイニング」(data mining) 多量のデータから有用な情
報を抽出する技術で、もともとは「データベース」の分野で研究さ
れていたが、現在では、後述する「ビッグデータ」「インターネッ
ト」の分野とも深く関連するようになっている。

「ビッグデータ」(big data) 多量のデータ、およびそれらを処理す
る技術。ここで、『ビッグ』は量的および質的な点を包含する。
　大容量かつ高速のコンピュータを用いて、「ビッグデータ」を解
析することによって、さまざまな情報処理の可能性が出てくる。
　なお、後者の意味の「ビッグデータ」は「データ・マイニング」
の一部と重複する。

「意思決定理論」(decision theory) 人間の意志をいかに決定すべ
きかを研究する分野。「経済学」「人工知能」などの分野でさまざま
な形で研究されている。
　また、意思決定を行なうシステムは「意思決定支援システム」と

言い、古い歴史がある。

　「意思決定理論」は、今後の「フィンテック」の発展に不可欠と考えられる。

　「**インターネット**」(internet)　周知のように世界規模の「ネットワークシステム」で、「WWW」「電子メール」「検索エンジン」などのサービスを提供しており、現在も進化している。

　疑いなく、「インターネット」の進歩は、「フィンテック」という分野の創生の動機の 1 つになっている。

＊

　これらの分野は、「フィンテック」を支える重要な分野であり、それらの知識を持つことは非常に重要です。

　現在の「フィンテック」は、確立された既存技術を総合化したものとも言えます。

　また、今後、他の分野が「フィンテック」と密接になる可能性もあります。

第2章

会 計

第2章では、「会計」について説明します。
「会計」には、個人および企業の形態がありますが、いずれも「IT」に
よって大きく変わろうとしています。
ここでは、「家計管理」「企業会計」「経営支援」を紹介します。

2.1 家計管理

　「会計」のもっとも基本的な単位は、「家庭の会計」、すなわち、「家計」です。
　従来、主婦は「家計簿」を手書きでつけて、「家計管理」をしていました。

　その後、「パソコン」の普及によって、「Excel」や「家計管理ソフト」での「家
計管理」が可能になりました。
　さらに最近は、「家計簿アプリ」などによる「スマートフォン」を使った「家
計管理」も可能になりました。

＊

　「家計簿アプリ」として、「MoneyForward」などがあります。
　これらは毎月の収入と支出を入力することで、自動的に家庭の収支を算出し
ます。
　さらに、長期的に収支をモニターすることで、「家計」に問題がないかなど教
えてくれます。

　「家計管理」は以前より、飛躍的に楽になりました。疑いなく、これは「IT」
の進歩のおかげです。

しかし、「フィンテック」による「家計管理」は、次に紹介する「PFM」によって、さらに高レベルになろうとしています。

【PFM】

「**PFM**」(Personal Financial Management: 個人資産管理) は、従来の「家計簿」の機能に加え、家庭の「資産の管理」を行なうものです。

「家計簿」は、日々の「収入支出」と、銀行口座などの「資産残高」を記録していました。

「PFM」では、それに加えて、さまざまな「データ」 (たとえば、「銀行口座の入出金履歴」) を収集し、将来の「キャッシュ・フロー」などを予測します。

すなわち、「PFM」は「家計管理」のみならず、将来的な「生活設計」の指針を与えることができます。

「PFM」の考えは、最近は一般企業にも導入されるようになっています。

たとえば、2007 年創業の「**LearnVest**」は、「PFM」に加え、「フィナンシャル・プランナー」によるアドバイスを提供しています。

このようなサービスによって、顧客は、毎月どのようにお金を使うべきが分かります。

＊

「PFM」は、「フィンテック」のもっとも基本的な「ビジネス・モデル」と考えられます。そして、さらなる進化が期待されています。なぜなら、「家計」は千差万別で、さまざまな金銭的問題に悩んでいる家庭も多いからです。

「フィンテック」は、「家計」の問題を解決する 1 つの手段として応用されるでしょう。そして、「フィンテック」の利用者も増加すると思われます。

実際、「家計」の問題を自ら解決するのは容易ではありませんが、今後、「ビッグデータ」などの手法が、そのような問題の効率的な解決を可能にすると考えられます。

図 2.1 LeaarnVest (www.learnvest.com)

2.2 企業会計

「フィンテック」は、「企業会計」にも大きな影響を与えようとしています。

前節で紹介した「PFM」を企業へ応用するという観点ですが、次のような手法があります。

- アグリゲーション
- レコード・キーピング
- クラウド会計

【アグリゲーション】

「アグリゲーション」(aggregation) は、顧客口座を統合することで、「ID 連携」とも言います。

企業は、顧客と取引きする場合、銀行などの口座を用います。

通常、企業は複数の口座をもっています。それを一括的に管理するのは、容

易ではありません。

「アグリゲーション」で複数の口座を統合することによって、企業は複数の口座を一括管理できるようになります。

企業にとって、これは会計上の利点になります。

＊

「アグリゲーション」は、個人レベルでも利用できます。なぜなら、多くの人は銀行や証券会社の口座を複数もっているからです。

しかし、金融機関の口座には、「ペイオフ」(payoff) の危険性があります。

「ペイオフ」とは、金融機関が破綻した場合に、預金者への払い戻しを保証する制度です。ただし、保証額には上限 (1,000 万円) があります。

＊

「クレジット・カード」や「電子マネー」の普及などによって、自らの複数口座の管理は必ずしも容易ではなくなってきています。

もちろん、「クレジット・カード会社」からの請求は、毎月の請求書で確認できますし、最近は、「インターネット」で確認できるようになっています。

ただし、保持する「クレジット・カード」が多くなると管理は難しくなります。

よって、「クレジット・カード」の決済口座は一元化するのが賢明です。

しかし、口座を一元化しても、その後の管理の作業は自分で行なう必要があります。

「アグリゲーション」は、個人レベルの、このような問題もある程度解決できます。

【レコード・キーピング】

「レコード・キーピング」(record keeping) は、「資産の記録」を管理することです。

具体的には、「資産口座」をモニタリングし、「年金の給付」などの通知などをユーザーに行ないます。

　現在では、「レコード・キーピング」を専門的に行なう会社もあり、これらは「レコード・キーパー」(record keeper) とも言い、日本では、「NRK」「JIS & T」などがあります。

＊

　たとえば、「**NRK**」は、「確定拠出年金」に関するサービスを提供しています。「加入者に対する情報提供」「運用指図のとりまとめ」「年金の裁定」などを行なっています。

　「NRK」では、日本を代表する出資企業である金融機関や生命保険会社などのノウハウを「レコード・キーピング」に活用しています。

　「レコード・キーピングシステム」は、セキュリティや性能を重視するため、大型コンピュータで作動させています。

　また、事務処理の「効率化」および「低コスト化」を追求しています。

図 2.2　NRK (top.nrkn.co.jp)

【クラウド会計】

　「クラウド会計」は、「クラウド・コンピューティング」を用いた新しいタイプの「会計」です。

　「クラウド・コンピューティング」とは、データを「ホスト・コンピュータ」

で一括処理する形態で、現在では、多くの企業や個人が利用しています。

　従来、企業では、「ホスト・コンピュータ」を会社内に設置してデータを管理していました。

　それには、「専用のコンピュータ」「専任要員」「LAN」「会計などを行なう専用ソフト」を導入する必要がありました。

　これらの導入は企業にとっては、経済的に大きな負担になります。

　特に、中小企業にとって対応は難しいものでした。

　しかし、企業会計を支えるには、あまり削減できないのも事実でした。

　「クラウド会計」では、「クラウド会計ソフト」を導入することによって、設備投資のコストを削減できます。

　また、「クラウド会計ソフト」を介して、会社の会計情報を共有化できます。

　さらに、「クラウド会計ソフト」は、「スマートフォン」などの携帯端末でも利用でき、利便性が高まります。

＊

　以上のような点から、企業の会計に関する作業を大幅に効率化できると考えられます。

　現在、流通している「クラウド会計ソフト」には、「MF クラウド会計」「freee」「やよいの青色申告 クラウド」などがあります。

　これらは、「会計」をターゲットにしていますが、「確定申告」に対応しているものもあります。

　たとえば、「**MF クラウド会計**」は、「取引入力」と「仕訳」の自動化で、会計に関わる作業時間を大幅に削減できます。

具体的には、「仕訳」の「自動取り込み」ができます。

また、「自動学習機能」を備えています。

「税理士」との「連携機能」が充実し、「確定申告」に便利です。

さらに、「電話」「メール」でのサポートを受けることができます。

図 2.3 「MF クラウド会計」 (biz.moneyforward.com)

*

「企業会計」は、「フィンテック」によって効率化されています。

「フィンテック」の利用は、今後、大きく増加すると思われます。しかし、「関連ソフトの導入」は、それぞれの企業の状況などで決める必要があります。

2.3 経営支援

「会計」は企業活動を推進する上で、もっとも重要な要因です。なぜなら、「会計」は、企業の「経営状態」を判断するものだからです。

「フィンテック」の導入は、「経営支援」に大きな役割を果たすと考えられます。

「経営支援」には、さまざまな形がありますが、以下に述べる 2 つのステップがあります。

【STEP 1】

まず、「クラウド会計」は「会計業務の自動化」を推進し、企業の経理部門の負担を軽減します。

このステップは、ある意味で表面的なものですが、本質的と考えられます。

「会計計算」「給与計算」「書類作成」などの事務業務は、従来は人間が行なっていました。

しかし、「クラウド会計」の導入によって、そのような作業を自動化でき、その結果、経費削減が可能になります。

また、「クラウド会計」を利用することによって、コンピュータや専用ソフトなどの導入にかかる経費も削減できます。

これらの経費は必須ですが、必ずしも安いとは言えません。

【STEP2】

次のステップは、「経営分析」です。

「経営分析」は、企業の現在の経営状況を正しく判断することです。将来の経営戦略を正しく決定するためにも、「経営分析」は必要になります。

しかし、「経営分析」は、事業分野や会社個々の事情などのさまざまな点を考慮して行なわなくてはいけません。

「経営分析」では、「会計データ」を主に「統計的手法」で多様な観点から分析します。しかし、経営戦略のためには、従来の手法、すなわち、「統計的手法」では不十分な場合もあります。

よって、「新しい手法」の利用の検討も必要になります。

現在、「ビッグデータ」「人工知能」などの手法を「経営分析」に活用できると考えられています。

多くの企業は、現在、「最初のステップ」を行なっている段階です。このステップは比較的容易に実現できると考えられます。

　しかし、「第2のステップ」に移るのは、まだ先になると思われます。

　その理由は、現状、経営者が自らの経験や知識をもとに「経営分析」を行なうケースが多いからです。

　経営者の立場からすると、これは当然です。しかし、このことは新しい手法を取り入れることを難しくしています。

＊

　言うまでもなく、経営戦略を決めるには、正しい「経営分析」が必要になります。なぜなら、正しい「経営分析」なしには将来の方針を決めることは不可能だからです。

　経営戦略の決定は、従来は、経営者が行なってきました。

　これは、いわゆる「意思決定」に対応し、かつては「意思決定支援システム」などの必要性が指摘されました。

　今後も、この形の経営戦略の決定が基本的に続くと思われます。

　多くの経営者は、「フィンテック」などの最新技術に懐疑的だからです。

　しかし、近い将来には、「フィンテック」が経営戦略の決定の支援に役に立つことになるでしょう。

第3章

送金と決済

第3章では、「送金と決済」について説明します。
「送金」「決済」は、スマートフォンなどのモバイル端末上で可能です。
また、「ビットコイン」などの「仮想通貨」は「ブロックチェーン」という
技術に基づいています。
そして、「送金」「決済」では、「認証技術」が重要になります。
ここでは、「送金」「決済」「モバイル端末」「電子マネー」「ビットコイン」
などを紹介します。

3.1 　　　　送　金

　「送金」(remittance) は、現金を相手に直接渡すのではなく、金融機関を利用して相手に送ることです。

　現在、「送金」には、次のような方法があります。

- 現金書留
- 郵便為替
- 小切手
- 手形
- 振込み
- 外国為替

　ここで、「現金書留」「郵便為替」は、郵便局 (ゆうちょ銀行) による国内向けの「送金」になります。

【現金書留】

　「現金書留」(registered mail containing cash) は、「現金封筒」という専用の封筒で現金を相手に送るもの[1]。

　現在、「現金封筒」は 20 円で、手数料として「送料」「損害要償額」が必要になります。そして、送金の際には、「印鑑」が必要になります。

　「送料」は、「現金書留」の重さによって異なります。
　25 g までが 80 円、50 g までが 90 円、75 g までが 140 円になっています。
　「損害要償額」は、届かなかった場合には、申告額を保証するもので、1 万円までは 420 円、1 万 5 千円までは 430 円、2 万円までは 440 円 になります。

　差し出しの際に申告した「損害要償額」の範囲内で、「実損額」（実際に損した金額）が賠償されます。
　しかし、「損害要償額」を設定しなかった場合は、「損害要償額」は 1 万円になります。

【郵便為替】

　「郵便為替」(postal money order) は、「郵便為替」という証書を用いて、現金を普通郵便で送ること。

　「郵便為替」では、送金者は、送金額に手数料を加えた金額の証書を購入して相手に郵便で送ります。
　受け取り者は、郵便局で、その「証書」と引き換えに、現金を受け取ります。

　「郵便為替」には、「普通為替」「定額小為替」の 2 種類があります。

---

[1] 「普通郵便」で現金を送ることは禁止されている。

　「ゆうちょ銀行」の民営化前までは「電信為替」がありましたが、現在は「電信現金払」に移行しています。

　「普通為替」(mail remittance)　もっとも簡単な「郵便為替」で、500 万円以下の現金を送金できる。

　なお、送金額 5 万円未満は 430 円、送金額 5 万円以上は 650 円の手数料がかかります。
　受取人は、「ゆうちょ銀行」または「郵便局」の貯金窓口で、「普通為替 証書」と引換えに、「普通為替 証書」に表示された金額の「現金」を受け取ることができます。

　「定額小為替」(postal money order with fixed amount)　「現金」を「定額小為替証書」に換えて送付する送金方法。少額の送金に便利。

　送金額に応じて、50 円、100 円、150 円、200 円、250 円、300 円、350 円、400 円、450 円、500 円、750 円、1000 円の、12 種類の「定額小為替証書」が発行され、所定の「受取人欄」に「受取人」の名前を記入し、それを「受取人」に送ります。

　「受取人」は、受け取った「定額小為替証書」を、「ゆうちょ銀行」または「郵便局」の貯金窓口に持っていき、それと引き換えに、「定額小為替証書」に表示された金額の現金を受け取ることができます。

【小切手】

　「小切手」(check) は、高額の支払いなど行なう支払い方法です。「小切手」は、「支払人」である銀行などの金融機関に対して、「作成者」の口座から「小切手」に表示されている金額の支払いを委託する「証書」です。

　ここで、「作成者」は、「振出人」と言います。

　「小切手」は、振出し後に、自分で口座からの引き出しに用いられます。また、他人に渡すことができるので、他人への支払いにも用いられます。高額の現金を所持する必要なく支払いができ、盗難などを避けることもできます。

※日本では、小切手には、「事業用小切手」と「個人小切手」の2種類があります。
「事業用小切手」は振出し時に「金額の記載」と「届け印」で発行され、「個人小切手」は「金額の記載」と「書名」で発行されます。
しかし、海外では、「印鑑」は用いられないので、上記の区別はありません。

　「小切手」を発行して、記載された金額が口座にない場合には、「小切手」は「不渡り」になります。

　「小切手」の「受取人」は、支払い金融機関に「小切手」を持っていき、現金を受け取ります。

　また、金融機関でも「支払い代行」をしてくれますが、多少時間がかかります。

【手形】

　「手形」(bill) は、一定の権利を証明する証書で、一定金額の支払いに用いられます。「手形」の作成者は「振出人」と言い、支払いを行なう者を「支払人」、「振出人」に支払いを請求する権利をもつ者を「指図人」と言います。

　「手形」には、「為替手形」と「約束手形」の2種類があります。

> 「**為替手形**」　「振出人」が「支払人」に宛てて「受取人」（および その「指図人」）に対する一定の金額の支払を委託する証書です。
>
> 　よって、「為替手形」では、「支払人」に「受取人」に支払いを依頼することになります。
>
> 「**約束手形**」　「振出人」が「受取人」（およびその「指図人」）に対して一定の金額の支払いを約束する証書です。
>
> 　よって、「約束手形」では、「振出人」が「支払人」になります。

　「手形」の所持者は、銀行などの自分の取引金融機関の口座で手形の代金を受け取ります。

【振り込み】

　「振り込み」(bank transfer) は、金融機関の「指定口座」に現金を払い込むこと。現在、「振り込み」は、金融機関やコンビニなどでできます。

　金融機関に自分の口座をもっていれば、「ATM」で「振り込み」ができます。
また、口座がない場合には、窓口で「振り込み」ができます。
多くのコンビニでも同様に、店頭および「ATM」で「振り込み」ができます。

【外国為替】

　「外国為替」(foreign exchange) は、海外に送金すること。
　実際には、銀行間の「口座振替」が利用されます。
　すなわち、日本の銀行の海外支店の口座から海外銀行の口座への送金が行なわれます。

　「支払者」は、日本国内の銀行で「外国為替」による「送金」ができます。
　しかし、他国通貨への交換が必要なので、送金額に応じた手数料がかかります。

3.2　決　済

「決済」(settlement) は、「買い手」が代金を支払い、「売り手」が「買い手」にサービスを提供して、「売買取引」を終了することです。

ここで、「売り手」によるサービスは、「代金」「商品」「証券」などになります。

「インターネット」の普及で、ネット上での「決済」もできるようになりましたが、これは「電子決済」(electronic settlement) とも言います。

「インターネット」を用いる「決済」の方法としては、以下のようなものがあります。

- クレジット・カード決済
- ネット・バンキング決済
- 電子マネー決済
- 携帯キャリア決済
- 継続課金

---

*

「インターネット」を利用しない、従来の「決済」の方法としては、「現金払い」の他に、次のようなものがあります。

- 払込票 決済
- 銀行振り込み決済
- ATM 決済
- コンビニ決済
- 代金引換

【インターネットを用いる決済】

「**クレジット・カード決済**」(credit card payment)　「ネットショッピング」などで一般的に行なわれる「決済」。

　また、店などのレジでの支払い時の「決済」でも用いられます。

　その場合、店員が「インターネット」などによる「決済」を代行していることになります。

　「クレジット・カード決済」では、サービスを提供する会社などのサイトの購入手続きページで「所有者氏名」「カード番号」「有効期限」「セキュリティ・コード」を入力して、「決済」が行なわれます。

　不正対策として、一般に「決済」に必要な情報は、「暗号化」されて実行されます。

　「クレジット・カード決済」は、「パソコン」や「モバイル端末」を持っていれば、いつでもどこでもできます。

　また、購入手続き後、すぐに「決済」できるので、商品などが早く手に入ります。

　サービスを提供する会社にとっては、代金未回収の可能性が低いという利点があります。

　しかし、「クレジット・カード」を持っていない人もいるので、誰でも「クレジット・カード決済」ができるわけではありません。

　また、「スキミング」などで「クレジット・カード」が不正利用される可能性もあります。

「**ネット・バンキング決済**」　銀行の「ネット・バンキング」を用いて、自分の口座から「決済」すること。

現在、主要な銀行は「ネット・バンキング」をサポートしており、「パソコン」や「モバイル端末」によって、いつでもどこでも「決済」できます。

「ネット・バンキング決済」をするには、銀行の口座を開設して、「ネット・バンキング」を登録する必要があります。

その際に、「顧客番号」「パスワード」「合言葉」などを登録します。

また、銀行によっては「ネット・バンキング」のための専用カードが発行され、「振り込み」などをする場合は、そのカードを参照しなければいけません。

「電子マネー決済」　「楽天 Edy」「Suica」「Waon」などの「電子マネー」を用いた「決済」。

「電子マネー決済」は、専用カードを店頭のリーダーにかざして行なう「決済」の他、インターネット上での「決済」も可能です。

「電子マネー」を用いるには、専用のカードを発行する必要があります。最近では、多くの「クレジット・カード」「携帯端末」は付帯機能として「電子マネー」に対応しています。

また、「インターネット」で「電子マネー」を利用するには、所定の手続きを行なう必要があります。

現金を店頭やインターネットからチャージ (入金) することで、「電子マネー」は使用可能になります。

「電子マネー」を用いれば、現金を持ち歩く必要がなくなり、「決済」も簡単にできます。

「携帯キャリア決済」 「スマートフォン」などの「携帯電話」の携帯電話支払い料金とまとめて行なう「決済」。

　主要な携帯電話会社は、「携帯キャリア決済」をサポートしています。

　「携帯電話」によって、簡単に店や交通機関での支払いが容易にできます。すなわち、日常的な「決済」を携帯電話支払い料金の一部としてできます。

　しかし、すべての「決済」ができるわけではありません。

「継続課金」 公共料金、会費などを「クレジット・カード」「口座」から自動引き落とし (振替) する「決済」。年金などの受給にも利用されます。

　なお、「継続課金」をするには、事前に所定の手続きが必要。

　「継続課金」をすれば、支払い期限などを意識する必要がなくなり、支払い忘れなどがなくなります。

　しかし、「決済」を中止する場合、そのための手続きをしなければならず、その手続きが面倒な場合もあります。

【インターネットを用いない決済】

　「払込票決済」 商品購入後、送付される「払込票」を用いて金融機関で支払う決済。

　カタログ販売などの「決済」で利用されています。

　「払込票決済」では、支払いは、商品到着後の「後払い」になるので、商品を確実に得ることができます。

　また、「インターネット」の利用が困難な高齢者などの人も安心して利用できます。

　しかし、実際に支払いをするには、金融機関に行く必要があります。

　「銀行振り込み決済」　サービス提供会社の指定口座に指定金額を振り込む「決済」。

　金融機関で、現金または自分の口座から相手の口座へ振り込みます。

　銀行の窓口または「ATM」で、「銀行振込決済」はできます。しかし、銀行に行って振り込みを行なわなくてはいけません。

　なお、「インターネット・バンキング」を利用していれば、インターネット上で「銀行振込　決済」ができます。

　「ATM 決済」　銀行などに設置されている「ATM」による「決済」。

　「ATM」は、コンビニを含め全国に多数あり、利便性があります。

　また、決済結果をすぐに見ることができます。

　しかし、「ATM」のある場所に行く必要があります。

　「コンビニ決済」　コンビニのレジに払込票を持って行き行なう「決済」。公共料金や通信販売の支払いに利用されています。

　コンビニでの買い物のついでに手軽に「決済」ができます。しかし、コンビニに行く必要があります。

　「代金引換」(代引)　宅配業者が製品を配達する際に、その代金を現金またはクレジット・カードで支払するもの。通信販売の支払い方法の１つです。

　製品注文後、すぐに発送してもらえて、確実に製品を受け取れます。

　また、銀行などに行って支払う必要もありません。しかし、宅配業者のサービスなので一定の手数料がかかります。

＊

　以上のように、現在、多様な決済方法があり、目的に応じた方法を選択する必要があります。そのようなニーズから、「決済を代行するサービス」を提供する会社もあります。

　個人レベルおよび会社レベルで、「決済代行」の必要性が高まっています。「決済」が多様かつ複雑だからです。

　たとえば、会社で「決済代行サービス」を導入すれば、「決済」に関わるコストを軽減できます。

3.3　モバイル端末

　前述のように、多様な決済方法がありますが、「インターネット」を利用した「決済」は、個人および会社レベルで普及するようになっています。

　個人レベルでも、「スマートフォン」「タブレット」などの「モバイル端末」による「決済」も普及しつつあります。

　「モバイル端末」による「決済」の利点としては、「手軽に導入でき」「手数料が安く」「入金が速い」などが挙げられます。

　これらは、利用者および会社にとっても利点になります。

　なお、問題としては、セキュリティ対応があります。

＊

　現在、日本での、「スマートフォン」による主な「モバイル決済」としては、以下のようなものがあります。

- Square
- Coiney
- 楽天スマートペイ
- PayPal Here
- Apple Pay

*

　「**Square**」（スクエア）　2009 年にアメリカで「Twitter」の共同設立者であるドーシー (Jack Dorsey) が設立した「Square Inc.」が提供する「モバイル決済」。

　「Square」は、支払い時に使う無料のカードリーダ「Free Credit Card Reader」を提供しています。
　また、「iPhone」などの「スマートフォン」をクレジット・カード決済端末にできます。

　「Square」は、最短で翌営業日に導入および入金が可能です。また、入金手数料は無料です。
　日本では、2013 年に「三井住友カード」が「Square」と提携し、普及しています。

　なお、カードリーダは「ローソン」「Amazon」で購入できます。
　しかし、「Square」は、日本で利用者が多い「JCB」には対応していません。

図 **3.1** **Square** (`squareup.com/jp`)

「**Coiney**」(コイニー)　2012 年に佐俣奈緒子によって設立された「コイニー株式会社」が提供する「モバイル決済」。

　「Coiney」は、専用端末「Coiney ターミナル」で決済します。

　2013 年には、「クレディセゾン」が「Coiney」による決済を導入し、「Coiney」と業務提携を開始しました。

　なお、「Coiney」はクレディセゾン発行以外の「AMEX」に対応していません。

図 **3.2** **Coiney** (`coiney.com`)

「楽天スマートペイ」　2012 年に「楽天」が開始した「モバイル決済」。

　なお、「楽天銀行」と提携すれば、振込手数料が無料になり、入金も翌日自動入金されます。

　「決済」は、専用端末「楽天スマートペイ」を「スマートフォン」
などに接続して行ないます。

初期費用なしに導入でき、「楽天銀行」を利用すると、手数料など
で優遇されます。

図 3.3　楽天スマートペイ (smartpay.rakuten.co.jp)

「**PayPal Here**}（ペイパル・ヒア）　1998 年に創業した「PayPal」
が提供する「モバイル決済」。「決済」は、PayPal 口座で行なわれ
ます。

　「口座開設料」と「月額手数料」は無料で、入金は最短 3 日で行
なわれます。

　なお、「PayPal Here」は、2016 年に 1 月末でサービスを終了し
ましたが、「PayPal」自体は存続しています。

図 3.4 Pay Pal (`www.paypal.com/jp/webapps/mpp/home`)

「**Apple Pay**」(アップル・ペイ)　2016 年 10 月に「Apple」が導入した「iPhone」向けの「決済サービス」。

　サービス内容は上記の「決済サービス」とほぼ同じです。

　iPhone ユーザが多い日本では、今後の展開が期待されます。

図 3.5 Apple Pay (`www.apple.com/jp/apple-pay/`)

＊

　現在、「PayPal Here」以外の上記の 3 つが「モバイル決済」の業界をリードしていますが、それらの仕組みには大差はありません。

　「モバイル決済」は、中小企業および個人の顧客にとっては非常に便利なサービスだと考えられます。

「モバイル決済」の利点としては、

① まず、「クレジット・カード決済」を簡単に導入できる点が挙げられます。
すなわち、特定のモバイル決済サービスが指定する銀行の口座を開設すれば、サービスが受けられ、顧客に主要な「クレジットカード」で支払いをしてもらえる、ということです。

② 次に、加盟店加入手数料が 「3 ％」 前後であることが挙げられます。
通常、クレジット会社での決済の手数料は「5 ％」 前後になります。したがって、「モバイル決済」の導入で「クレジット・カード」による決済の手数料の経費を削減できます。

③ また、入金日数が短いことも挙げられます。実際、最短 1 日から 3 日くらいになっています。

④ そして、企業の会計を一括管理できます。これらの決済サービスを利用すれば、さまざまなデータも取得できます。

*

現在のところ、上記で紹介した「モバイル決済」に本質的な差はありませんが、今後の提携関係などで状況が変わるかもしれません。

また、将来的には、「モバイル決済」が、中小企業だけではなく、個人にも普及すると予想され、多数の「モバイル決済サービス」の業者が現われると思われます。

3.4 | 電子マネー

「インターネット」の普及に伴い、お金 (通貨) 自体も電子化され、利用できるようになってきました。このようなお金の形態は、「電子マネー」(digital money: デジタル・マネー) と言い、それらによる支払いなどの「決済」を「デジタル・ペイメント」(digital payment) と言います。

　そして、インターネット上の「仮想通貨」としていわゆる「ビットコイン」が登場し、国際的に流通するようになりました。

　「ビットコイン」は、金融のグローバル化を推進するもので、今後、「フィンテック」で大きな役割を果たすと考えられます。

　「電子マネー」は、「クレジット・カード」などの専用カードに現金をチャージし、支払いができるプリペイド式のマネーです。

　最近では、インターネット上でのチャージや支払い、「モバイル端末」での使用が可能になっています。

＊

　主な「電子マネー」には、次のようなものがあります。

- 楽天 Edy
- Waon
- Suica
- Pasmo
- Nanaco

　「楽天 Edy」　「楽天」が提供する「電子マネー」。

　　さくら銀行などによって、1999 年にサービス開始。当初は「Edy」(エディ) と言いましたが、2012 年に現在の名称に変更されました。

　　「楽天 Edy」は「専用カード」にチャージして使い、利用額に応じてポイントがたまります。

　現在、使用者、加盟店がもっとも多く、「ANA」や「ファミリーマート」などで利用できます。

　そして、「ANA」などの「クレジット・カード」と連携しています。

　しかし、ポイントがたまる「連携クレジット・カード」はあまり多くありません。

図 3.6　楽天 Edy (edy.rakuten.co.jp)

「Waon」(ワオン)　「イオン・リテーリング」が 2007 年にサービス開始した「電子マネー」。

　当初は「イオン」のみで利用されていましたが、現在では「JAL」「ローソン」「吉野家」などでも利用できるようになっています。

　「Waon」は、「専用カード」にチャージして使い、利用額に応じてポイントがたまります。

　また、「JAL」などの「クレジット・カード」と連携しています。

　しかし、現在、他の「電子マネー」と比べて、使える店舗数は必ずしも多くありません。

図 **3.7** **Waon** (`www.waon.net`)

「**Suica**」(スイカ)　「JR 東日本」が 2001 年に導入した乗車カード。

チャージしておけば乗車券を購入することなく乗車できます。

現在、「Suica」は全国の「JR」や、ほとんどの私鉄で使えます。

当初、「Suica」は乗車用のみでしたが、その後、「クレジット・カード」(「View カード」など) や「モバイル Suica」の形態もサポートされ、「Suica」による「モバイル決済」が可能になりました。

「Suica」の利点としては、まず、乗車券購入の手間が省け、券売機で購入するより価格が少し安くなります。

また、「View カード」などではチャージおよびシッピング利用に応じてポイントがたまります。

欠点としては、① 一部区間の乗車で運賃が高くなったり安くなったりすることがあります。

また、② 事故などでの振替輸送では、使えません。

図 3.8 Suica (`www.jreast.co.jp/suica/`)

「**Pasmo**」(パスモ)　「Pasmo 社」が 2007 年に導入した公共交通
(電車、バスなど) 用の乗車カードで、「電子マネー」としても利用
できます。

　「Pasmo」は、2004 年に導入された「パスネット」の後継で、当
初は首都圏を中心に使わていました。

　2013 年には、「Suica」および他の乗車カードとの相互使用が可
能になりました。

　「Pasmo」の利点や欠点は、「Suica」と同様です。

　なお、2013 年の「Suica」「Pasmo」などの相互使用サービス開始
によって、「Suica」または地域の交通カードで全国の交通機関を利
用できるようになり、利便性が高まりました。

図 3.9 Pasmo (`www.pasmo.co.jp`)

「**Nanaco**」(ナナコ)　「セブン・アンド・ホールディングス」が 2007

年に導入した「決済サービス」で、「カード」または「携帯端末」で
利用できます。

「Nanaco」は、「セブンイレブン」「イトーヨーカドー」などでの
支払いに使用でき、利用額に応じてポイントがたまります。

「Nanaco」の利点は、「セブンイレブン」「イトーヨーカドー」で
簡単に支払いできることです。

欠点としては、他の「電子マネー」と違い、「Nanaco カード」の
場合、プリペイド方式で、事前のチャージが必要になります。
また、「Nanaco カード」の発行には手数料がかかることも挙げられ
ます。

図 3.10　Nanaco (www.nanaco-net.jp)

---

*

　以上、主要な「電子マネー」を紹介しましたが、それらの仕組みに大きな差
はありません。

　個人の場合はライフスタイル、企業の場合は提携先などの要因によって、ど
の「電子マネー」を使うべきかが決まると考えられます。

ビットコイン

「ビットコイン」(Bitcoin: BTC) は、2009 年にサービスが開始されたインターネット上の「暗号」を用いた「仮想通貨」です。

*

その基本的な考え方は、2008 年に中本哲史 (Satoshi Nakamoto) によって提案されました (Nakamoto (2008) 参照)。

中本は、インターネット商取引の「信頼」に基づくモデルは完全な非可逆的な取り引きができないことを指摘し、次のように述べています。

> 必要なのは、信用ではなく暗号化された証明に基づく電子取引システムであり、これによって希望する二者が信用できる第三者機関を通さずに直接取引できるようになる。
>
> 計算的に事実上非可逆的な取引は売り手を詐欺から守り、容易に実施できる習慣的なエスクロー（第三者預託）メカニズムによって買い手も守られる。
>
> この論文では、時系列取引の計算的証明を作成する P2P 分散型タイムスタンプ・サーバを用いた二重支払い問題の解決策を提案する。
>
> 本システムは、良心的なノードが集合的に、攻撃者グループのノードを上回る CPU パワーをコントロールする限り安全である。

*

ここで、注目すべきことは、ネット上の信頼をベースにしない、従来と異なるで電子取引システムとその仮想通貨、すなわち、「ビットコイン」を提案したことです。

そして、「ビットコイン」のモデルで重要な役割を果たすのが、「ブロックチェーン」です。なお、「ブロックチェーン」の詳細については後述します。

*

　「ビットコイン」は、「ピア・ツー・ピア (peer to peer: P2P) 型」の暗号通貨と解釈されます。

　「P2P 型ネットワーク」は、対等な複数の端末を接続したネットワークで、「インターネット」に接続された多数の端末は「P2P 型ネットワーク」を形成します。

　「ビットコイン」の通貨単位は、「ビットコイン」(BTC) です。

　2016 年 11 月現在、「1 円 = 0.000015 BTC」で取引されています。

　「ビットコイン」では、通貨の発行および取引は、すべて「P2P 型のネットワーク」上で行なわれます。

　そのすべての取引履歴は、「**ブロックチェーン**」(blockchain) という「台帳」に記録されます。

＊

　「ビットコイン」の利点は、すべての取引をインターネット上でできことです。また、「クレジット・カード」に比べて取引手数料が低いことがあります。

　この点は、国際取引などでは大きな利点になります。

　そして、「ビットコイン」による取引では、個人情報は必要ありません。

　さらに「ビットコイン」は、寄付などの他のサービスへの交換が可能です。

　現在、「ビットコイン」を利用する企業は、10 万社を超えています。

＊

　「ビットコイン」の欠点は、中央銀行に対応するものがないため、貨幣価値が下落する可能性があり、貨幣価値をコントールすることができません。

　すなわち、バブルになる可能性があります。

　また、「ビットコイン」の取引は匿名で行なわれるので、「マネー・ロンダリング」に使われたり、「テロ組織の資金」になります。

したがって、ある程度の規制が必要と考えられます。たとえば、中国では、「ビットコイン」の使用は禁止されています。

＊

現在の状況を考えると、「ビットコイン」はさらに普及すると思われます。

今後、「ビットコイン」がドルや円などと同様に主要通貨になるかは分かりません。しかし、当面は「フィンテック」において無視できない存在になるでしょう。

3.6　ブロックチェーン

「ブロックチェーン」は「ビットコイン」の仕組みを支えるものです。

「ブロックチェーン」は、「ビットコイン」のために考案されましたが、分散台帳管理技術の 1 つと考えられます。

中本は、「電子コイン」を「電子署名」のチェーンとして定義しました。

「電子コイン」の各所有者は、直前の「取引」(transaction: トランザクション) のハッシュと次の所有者の「公開鍵」を、「デジタル署名」を用いてコインの最後に付加することによって「電子コイン」を次の所有者に転送します。

「受取人」(payee) は、所有権のチェーンを検証するために一連の署名を検証します (図 **3.11** (Nakamoto (2008) より抜粋)。

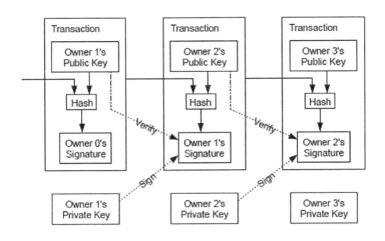

図 3.11　ブロックチェーン

　ここで、問題になるのは、受取人は所有者の一人がコインを二重支払いして
いたかを検証できないことです。

　一般的な解決法は、信頼できる中央銀行、または、造幣局を導入して、すべ
ての二重支払いの取引をチェックすることです。

　「ブロックチェーン」は、「P2P ネットワーク」上で構成されるので、すでに
述べたように、接続されているコンピュータ (ノード) は対等と解釈されます。
　すなわち、権限をもつサーバはなく、「分散システム」となります。

　「ビットコイン」では、「中央銀行」 (信用機関) なしで取引のチェックを行
ないます。そのためには、取引は公開され、参加者たちが受け取った順番の唯
一の履歴に合意できるシステムが必要になります。

＊

　受取人は、取引ごとにその時点でほとんどのノードがそのコインが初めて使
用されたことに同意したという証明が必要になります。

　新しいシステムのためには、まず、「**タイムスタンプ・サーバ**」(timestamp

server) を導入します。

「タイムスタンプ・サーバ」は、「タイム・スタンプ」される複数の項目のブロックを「ハッシュ」として処理します。
「タイム・スタンプ」によって、そのデータが「タイム・スタンプ」された時点で「ハッシュ」になるために存在していたことが証明されます。

各「タイム・スタンプ」はその「ハッシュ」中に直前の「タイムスタンプ」を含むように「チェーン」を形成し、「タイム・スタンプ」ごとに前の「タイム・スタンプ」を強化します (図 **3.12** (Nakamoto (2008) より抜粋))。

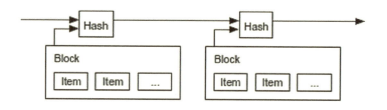

図 **3.12**　タイム・スタンプサーバ

P2P ベースで「分散型サーバ」を実装するには、「ハッシュ・キャシュ」(Back (2002)) に類似した「**プルーフ・オブ・ワーク・システム**」(proof-of-work system) を用いる必要があります。

「タイムスタンプ・サーバ」では、「ハッシュ化」で要求される 「0 ビット」を与える値が見つかるまでの間、ブロックに「ワンタイム・パスワード」を加えることによって「プルーフ・オブ・ワーク」を実装しています。

いったん、「プルーフ・オブ・ワーク」を満足するように CPU パワーが消費されると、この作業を再実行しない限り、そのブロックは変更されません。

その後のブロックも後にチェーン化されるので、そのブロックを変更するには、それ以降のすべてブロックを変更しなくてはなりません (図 **3.13** (Nakamoto (2008) より抜粋))。

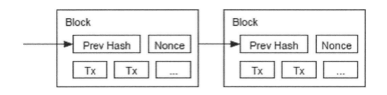

図 **3.13** プルーフ・オブ・ワーク

*

「ネットワーク」の実行手順は、以下のようになります。

- 新しい取引は、すべてのノードに送信される。
- 各ノードは、新しい取引をブロックに取集する。
- 各ノードは、そのブロックの「プルーフ・オブ・ワーク」を行なう。
- ノードが「プルーフ・オブ・ワーク」を見つければ、各ノードはそれをすべてのノードに送信する。
- ノードは、ブロック内のすべての取引が有効で、以前に使われていない場合のみ、そのブロックを承認する。
- ノードは、承認されたブロックの「ハッシュ」を直前の「ハッシュ」として用いて、チェーンの次のブロックを作ることによって、そのブロック承認を表現する。

ノードは常に「最長のチェーン」を正しいものと判断し、それをさらに拡張しようとします。

もし、2 つのノードが同時に異なる 2 つのブロックを次のブロックとして送信した場合、いくつかのノードでは受信順番が変わるかもしれません。

その場合、ノードは最初に受信したブロックを処理しますが、そのチェーンがより長くなった場合には、もう 1 つのブロックを保存します。

　次の「プルーフ・オブ・ワーク」が見つかり、あるチェーン拡張された時、そのつながりは壊れます。

　すなわち、もう1つのチェーンのノードは、より長いチェーンのノードに切り替えられます。

＊

　新しい取引の送信は、必ずしもすべてのノードに届く必要はありません。

　送信が多数のノードに受信されている限り、拡張される前のブロックに取り込まれます。

＊

　「ブロック送信」は、メッセージの欠落にも対応します。

　ノードがブロックを受信しなかった場合、次のブロックを受信するときに、ブロック送信を要求し、それを受信していなかったことを認識します。

　慣例により、ブロック内の「最初の取引」は、そのブロックの生成者が所有する「新しいコイン」を始める「特別な取引」とされます。
これはノードにネットワークを支持するインセンティブになり、となると同時に、コインを発行する中央機関不在の中、「最初にコインを配布する方法」を提供します。

＊

　コインの最新の取引が充分な数のブロックに書き込まれると、それ以前の取引記録は「ディスク・スペース」を節約するために破棄することができます。
ブロックの「ハッシュ」を壊さずにこの作業を行なうには、取引はそのブロックの「ハッシュ」にルートしか含まない「マークル・ツリー」(Merkle tree) を用いて「ハッシュ化」されます (Merkle (1997) 参照)。

　古いブロックは、ツリーのブランチを取り除くことで軽くできます。

　「インテリア・ハッシュ」は保存する必要はありません。

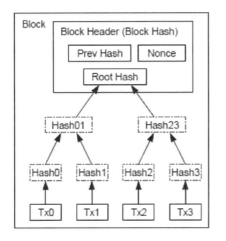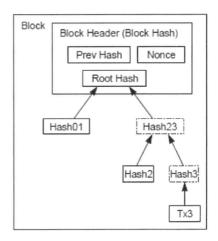

図 3.14 マークル・ツリー

図 **3.14** (Nakamoto (2008) より抜粋) で、左の図は、「マークル・ツリー」を用いてハッシュ化された「取引」を表わします。

また、右の図は、取引ブロックから「Tx0-2」を除去した後の「取引」を表わします。

＊

完全な「ネットワーク・ノード」を実行しなくても、「支払い」は検証できます。

ユーザーは、「ネットワーク・ノード」への問い合わせで得られる最長の「プルーフ・オブ・ワーク」のチェーンの「ブロック・ヘッダ」のコピーを保存しておくだけで、そのブロックにタイムスタンプされている「取引」をブロックにリンクしている「マークル・ブランチ」を得ることができます。

ユーザー自身は、自ら「取引」をチェックできませんが、その「マークル・ブランチ」を「チェーン」にリンクすることによって「ネットワーク・ノード」がその「取引」を承認したことを確認できます。

また、その後にブロックが加えられたことによって、さらなる検証が得られ

ます (図 **3.15** (Nakamoto (2008) より抜粋))。

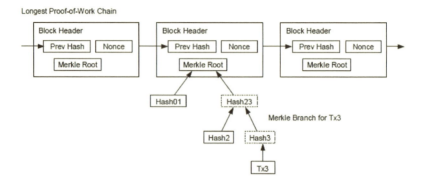

図 **3.15**　単純版支払い検証

　このように、「良心的なノード」がネットワークをコントロールする限り、検証は信頼できるものになりますが、「ネットワークが攻撃者に乗っ取られた場合」には脆弱になります。

　ネットワークは自身で「取引」を検証できますが、各ノードが行なう単純版は、攻撃者がネットワークを乗っ取り続ける限り、攻撃者の偽造した「取引」に騙されます。

　1つの対処法は、ネットワークが不正なブロックを検知するアラートを受信するように設定にしておき、受信した場合は、ユーザーのソフトによって「ブロック全体」とアラートされた「取引」をダウンロードし、不整合性を検証することです。

　頻繁に支払いを受け取るビジネスに関しては、たぶん、より独立した安全性とスピードの速い検証のため、独自のノードを実行したほうがいいでしょう。

　各コインは個別に扱えますが、「取引」に使われる金額を1セントごとに取

引きするのは非常に不便になるでしょう。

　金額の分割や統合を可能にするためには、「取引」は複数の入力と出力を含みます。

　通常、より金額の大きい前の取引からの 1 つの入力、または、少額のものを統合した複数の入力、または、たかだか 2 つの出力、すなわち次の支払いとお釣りがあればそれを支払い元に戻すもの、が存在します (図 **3.16** (Nakamoto (2008) より抜粋))。

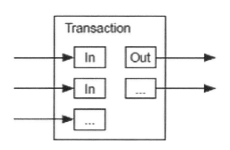

図 **3.16**　金額の分割と統合

　従来の「銀行モデル」は、情報へのアクセスを「関連団体」と「信頼のおける第三者機関」に限定することによって、あるレベルの「プライバシー」を実現しています。

　すべての「取引」を公開する必要性は、この方法を除外しますが、情報の流れを他の場所で分断することによって「プライバシー」を保持できます。

　すなわち、「公開鍵」を匿名にすることになります。
　ある人が他の人にどれだけのコインを送っているかは公開されますが、その取引情報は誰にもリンクされません。

　これは、個々の取引の時間やサイズ、「テープ」は公開されても取引の当事者は明らかにされない、証券取引で公表されるのと同等の情報レベルになります。

　中本は、「ビットコイン」のアルゴリズムを「酔歩問題」に関連付けて「二項ランダムウォーク」で特徴付け、その安全性を議論しています。
　しかし、安全性の証明の詳細は示しておらず、安全性については理論的な検証が必要と考えられます。

＊

　「ビットコイン」は、「信用」に依存しない新しい電子商取引システムです。支払い手続きは、「ブロックチェーン」をベースにしています。

　「ブロックチェーン」は、「台帳」の一種とも考えられます。なぜなら、「ブロックチェーン」では、「取引履歴」が「時系列的」に鎖状に記録されるからです。

　すなわち、ある期間内の「取引」(すなわち「トランザクション」) は収集され、1 つのブロック内に記録されます。
　このようなブロックは、時系列で鎖状に「P2P ネットワーク」で共有されます。そして、ブロックの鎖は、継続的に成長します。

　以上から、「ブロックチェーン」は「仮想通貨」の「データベース」とも解釈されます。
　すなわち、「分散データベース」であり、「暗号」を利用した「トランザクション処理」をベースにした「取引」が行なわれます。

　よって、「ブロックチェーン」は、まったく新しい技術というわけではありません。既存のデータベース技術と暗号技術を「デジタル通貨」に応用したもの、と考えられます。

第**4**章

資産運用

第4章では、「資産運用」について説明します。
「資産運用」は、現在の資産を将来的に増やすことです。「資産運用」の
技術としては、「ビッグデータ」「ロボ・アドバイザー」などが注目されて
います。
ここでは、「資産運用」「ビッグデータ」「ロボ・アドバイザー」を紹介します。

4.1　資産運用

　個人および企業の「資産」は、将来のために正しく管理されなければいけません。すなわち、「入金」「出金」「利益」を明確にする必要があります。
　したがって「資産管理」は、「会計」の問題になります。

　「資産」は、将来のために増やさなければいけません。「資産」を増やすことで、個人の生活や企業の経営は安定するからです。
　「資産運用」(asset management) とは、現在の「資産」を将来的に増やすことです。

　「資産運用」は、「資産を利益を出すように管理する」という意味で、「資産管理」の一部とも考えられます。
　実際英語では、「資産管理」「資産運用」は、両方とも「asset management」と訳されます。

　「資産」は、何もしなければ価値は高くならず、増えません。
　「資産」を増やすためには、何らかの形で運用しなければいけませんが、運

用を間違えると、「資産」が減るリスクもあります。

＊

「資産運用」の主な方法としては、次のようなものがあります。

- 預金
- 株式投資
- 投資信託
- 国債
- 社債
- 外国為替証拠金取引 (**FX**)
- 金投資
- 商品先物取引
- 不動産取引

　以上のような「資産運用」のサービスは、銀行、証券会社、投資会社などによって、個人や企業に提供されます。

　また、個人や企業は、独自の方法で「資産運用」することもできます。

【預金】

　「預金」(deposit) は、もっとも基本的な「資産運用」で、銀行などの金融機関に現金を預け、その「利子」によって「資産」を増やすもの。

　「預金」を行なうには、金融機関に「口座」を開設する必要があります。また、「預金」の種類によっては個人名義の「口座」のみが用いられます。

＊

現在、主な「預金」には、次のようなものがあります。

- 普通預金
- 定期預金
- 貯蓄預金
- 外貨預金

「**普通預金**」(ordinary deposit)　自由に預け入れ、払い戻しができる「預金」。

　銀行などで、「キャッシュカード」と「通帳」を発行してもらい、窓口または「ATM」で預け入れ、払い戻しを行ないます。

「**定期預金**」(fixed deposit)　満期日を設定し、それまでは払い戻しをしないという条件で預け入れを行なう「預金」。

預け入れ期間は 1 年から 10 年で、「利子」の計算には、単利、複利があります。

「**貯蓄預金**」(savings deposit)　預金額によって利子が変わる「預金」。

　よって、一定額以上の「預金」がない場合、「普通預金」より「利子」が悪くなることもあります。

「**外貨預金**」(foreign currency deposit)　外貨建ての「預金」。

　主要な銀行では、「ドル」などの外貨での預金ができます。

　「外貨預金」では、為替レートによるリスクがあり、「円」で引き出す場合、手数料がかかります。

【株式投資】

「株式投資」(stock investment) は、「株式会社」の発行する「株」(stock) を用いた「投資」。

「株式会社」は、得られた利益の一部を株主に配当として還元します。

なお、株式市場の株価である「株式相場」は、社会情勢などの要因によって変動します。

「株」には、「上場株」(listed stock) と「非上場株」(unlisted stock) があります。「証券取引所」に登録された取引所で売買される「株」は「上場株」と言い、そうでない「株」は「非上場株」と言います。

「証券取引所」は各国にあり、日本では東京、大阪、名古屋にあります。「株」の売買は「証券会社」を通して行なわれますが、最近では、インターネットでもできます。

【投資信託】

「投資信託」(investment trust) は、投資家から集めた資金を 1 つの「ファンド」(基金) にして、「株」「債権」「不動産」などに投資するもの。

ファンドをベースに運用するので、少額の資金では投資できないものにも投資できます。

「投資信託」は、専門の販売会社が販売し、運用会社が適切な運用をし、信託会社がファンドの管理をします。

「証券会社」は、一般に「販売」「運用」「信託」を行ないます。

【国債】

「国債」(government bond) は、国家が発行する「債券」。

日本では、「国債」は日本銀行が発券します。

　「国債」の発行は、国が買い手から金を借りる、すなわち国の借金を意味します。

　「国債」は、金融機関で購入できますが、手数料はどこでも同じになります。

　国家が「国債」の元本を保証するので、「国債」は安全と考えられます。

　また、少額で「国際」に投資ができます。たとえば、「個人向け国債」は1万単位で購入できます。

　さらに、「定期預金」などよりも「金利」が有利です。

　しかし、「国債」は「株」などに比べ、利回りは悪くなります。

　また、「国債」の満期前に解約すると、売却損が発生する可能性があります。

　さらに、国家が破綻した場合には、元本も保証されません。実際、2000年に、アルゼンチンが債務不履行になった例があります。

【社債】

　「社債」(corporate bond) は、一般の企業が発行する「債券」。

　「社債」は、企業の借金証書で、「社債」を発行する企業は、証券会社を通じて投資家から資金を集めます。

　「社債」を購入した投資家は、利息を受け取り、満期には元金を返済してもらうことができます。

*

　なお、主な「社債」には、次のようなものがあります。

- 普通社債 (SB)
- 転換社債 (CB)
- ワラント債
- 電力債

　「普通社債」(straight bond: SB)　満期が設定され、満期まで利息が支払われる「社債」。一般に、「社債」と言う場合、「普通社債」を意味します。

　「転換社債」(changeable bond: CB)　一定な価格で発行会社の「株式」に転換できる「社債」。したがって、「転換社債」で利息だけでなく資本収入も得られる可能性があります。

　「ワラント債」(warrant bond)　新株予約権が付与された「社債」です。
　現在、「ワラント債」は「転換社債」と同じ債券種別になっています。

　「電力債」　日本の電力会社が発行する「社債」。
　電力会社が保有する発電所などの資産に対する担保が付与されており、リスクは低くなっています。

　最近では、個人向けの「社債」も多くあります。これらの多くは、投資単位を小さくして、個人投資家から資金を集めることを目的にしています。

【外国為替証拠金取引 (FX)】

　「外国為替証拠金取引」(margin foreign exchange trading: FX) は、「外国為替」(すなわち、外貨) をリアルタイムに売買するもので、「FX」と省略して言う場合が多いです。
なお、「FX」は、一定の保証金を担保に取引が行なわれます。

　「FX」は、異なる2国間の通貨を取引し、為替レートの差額を利益にするも

のです。たとえば、「1 ドル = 100 円」の時、10 万円で 1,000 ドルを買うとします。円安で「1 ドル = 120 円」になれば、1,000 ドルは 12 万円になり、2 万円の利益が出ます。

しかし、円高で「1 ドル = 90 円」になれば、1,000 ドルは 9 万円になり、1 万円の損失が出ます。

以上が「FX」の基本的な仕組みですが、実際の取引には手数料がかかります。

＊

「FX」の利点　少ない資金で取引できる点。

また、ネットで 24 時間取引できます。さらに、為替変動をうまく利用すれば大きな利益を得ることができ、手数料は外貨預金より安いです。

「FX」の欠点　為替レートの変動により損失が出る可能性があります。

また、「FX」では自己資金の数十倍の金額が可能なため、損失が出た場合多額の金額を払わなくてはなりません。よって、「FX」はハイリスク・ハイリターンの取引になります。

【金投資】

「金投資」(gold investment) は、貴金属の 1 つである「金」の通貨的および希少的な価値を利用する「投資」。
なお、「金」の他に「銀」「プラチナ」などの貴金属による「投資」もあります。

貴金属の投資の中心は、「金投資」です。一般に、「金投資」は「純金積立」の形で行なわれます。「純金積立」は、毎月一定額の純金を積み立てる投資です。

なお、「金投資」の積立金の扱いには、金投資会社が倒産した場合に積立金が保証される「特定保管」と、褒賞されない「消費寄託」があります。

　「金投資」の利点の1つは、少額で始められることです。そして、積み立ては銀行引き落としになるので、手間もそれほどかかりません。

　また、「金」の価値がゼロになることはなく、不況に強い「投資」と考えられます。

　さらに、積立金を金地金や金貨などに交換したり、現金化もできます。

　「金投資」の欠点は、配当や利息がなくローリターンということです。また、可能性は低いですが、元本割れの可能性があります。

　さらに、金投資の専門会社を通して行なうので、年会費や手数料がかかります。

【商品先物取引】

　「商品先物取引」(commodity futures trading) は、農産物や鉱物などの商品の将来価格を現時点で売買するのを約束する取引。

　「先物取引」と省略して言うこともあります。よって、前述の「金投資」も「商品先物取引」の1つです。

　「商品先物取引」では、穀物、石油などがあり、それらの取引所があります。

　「商品先物取引」は、「株式取引」と異なり、取引の期日があります。

　なお、期限内の売買は自由ですが、期限で自動的に決済されます。

　「商品先物取引」の利点は、売りから取引を開始できることです。すなわち、売りから始め、相場が予想通り下落すれば、買い戻すことによって利益が得られます。

　また、「商品先物取引」は少額で取引ができ、売買によって生じた損益 (差額) のみの受渡しが行なわれます。そして、銘柄を選択する必要はなく、倒産についてのリスクを避けることができます。

「商品先物取引」の欠点は、「株」と同様に元本は保証されないことです。また、相場が予想外に動くと、新たに多額の資金を投入しなければならない可能性があります。

一般に、商品には特有な要因が多くあるので、取引は容易でないと考えられています。そして、取引がハイリスク・ハイリターンなので、損失が大きくなることもあります。

実際、「商品先物取引」で多額の損失が出たケースもマスコミなどで報道されています。

【不動産取引】

「不動産取引」(real estate trading) は、「不動産」、すなわち、土地、建物に関する取引。すなわち、土地、土地付き建物、建物が対象になります。

「不動産」は、住居用または投資用として購入されます。近年の不動産価格の上昇に伴い、不動産投資は注目されています。

投資のためには、住居用の「不動産」とは別の「不動産」を購入して行なわれます。

また、建物には、一戸建て、マンション、アパート、ビルなどがあります。

なお、「不動産物件」には、「分譲物件」と「仲介物件」があります。「分譲物件」は、売り手である不動産会社から直接購入する物件です。

一般に、新築のマンションや一戸建ては「分譲物件」になります。

「仲介物件」は、売り手から依頼された不動産会社から購入する物件です。よって、「仲介物件」は中古物件になります。

なお、「仲介物件」の購入や売却には、不動産会社への手数料が発生します。

「不動産取引」の利点は、まず、「不動産」を購入した場合、現物 (土地や建

物) を入手でき現物資産になるということです。そして、「ローン」を利用すれば、少額の資金でも始められます。

また、マンションなどの賃貸物件に投資すれば、安定した家賃収入が得られます。そして、物件価格が上昇した時に売却すれば、大きな利益が得られ可能性もあります。

「不動産取引」の欠点は、「不動産」の資産価値が減少する場合があります。たとえば、建物の場合、時がたてば老朽化し、修繕が必要になる場合もあります。また、周辺の環境の変化で資産価値が変わることもあります。

そして、一般には、短期的に利益を得るには適していません。

*

以上のように、さまざまな「資産運用」がありますが、どれを行なうかは投資家の目的によります。

そして種類によって、「資産運用」の方法は大きく異なります。

4.2 ビッグデータ

「資産運用」は、当たり前ですが、素人にはできません。なぜなら、どの「資産運用」でも、対象についての専門知識が必要になるからです。

したがって、従来はユーザーの依頼で専門家が「資産運用」を行なってきました。しかし、専門知識があっても、膨大なデータを分析して実際の「資産運用」を行なう必要があります。

「ICT」の急速な発展で、『膨大なデータ』を「資産運用」に応用する考え方が出てきました。実際、そのような考え方に基づくものは、「フィンテック」の1つの分野になっています。

　ここで、重要なのが、「資産運用」のためには『膨大なデータ』の分析が必要
になることです。

＊

　現在、『膨大なデータ』とそれらに関する技術は、「ビッグデータ」(Big Data)
と言います (赤間 (2013) 参照)。

　以下では、「ビッグデータ」について簡潔に説明します。

【3 V】

　「ビッグデータ」が注目されてきたのは、2000 年中頃からです。「ビッグデー
タ」は、多量のデータ、および、それらを処理するための各種技術を総称する
分野です。

　『ビッグデータ』を文字通り解釈すると、『多量のデータ』になりますが、『ビッ
グ』とは従来の「データベース」などが処理能力を超えるサイズのデータで、
一般に、「数テラバイト」以上のデータを意味します。

　しかし、『ビッグデータ』の『ビッグ』は「量的」だけではなく「質的」なも
のも包含します。「質的」なものとは、「データの多様性」、すなわち「種類の
数」とそれらのソースになります。

　実際、「マルチメディア」の普及によってデータの種類は増えており、ソース
の観点から、サービスが多様になって、データは、その意味でも、「ビッグ」に
なっています。

　なお、「ビッグデータ」は新しいですが、同時に古い分野とも考えられます。
　実際、過去には、「データ・ウェアハウス」「データ・マイニング」「クラウド」
などの同義の分野が重要とされてきています。

　「ビッグデータ」という用語を誰が命名したかは不明で、筆者は知りません。

　歴史的には、2001 年に、Meta Group (現在 Gartner) のアナリストのダグ・レイニー (Doug Laney) が「3D Data Management」という報告書を提出しました。

　彼は、当時のビジネスの条件とメディアは、伝統的なデータ管理の原理を限界まで進めるために、斬新でさらに形式化されたアプローチが必要である、と主張しました。

＊

　より具体的に言うと、IT 業界は、「3 V」、すなわち、「ボリューム」(Volume, データ量)、「速度」(Velocity, 入出力速度)、「多様性」(Variety, バラエティ) の 3 つの「V」の要素を考慮すべきで、この考え方は、「ビッグデータ」のモデルの出発点になりました。

　現在、「インターネット」(internet) を中心に、データ (情報) は爆発的に増加しており、データ量は、毎年 59 % 以上の割合で増加しているとされています。そして、「ビッグデータ」を扱う技術は非常に困難になってきています。

　なぜなら、多量のデータを高速に処理する必要があります。
　また、「マルチメディア」の発展で、扱うデータの種類も多くなっています。
　実際、ビジネス分野では、高速なデータ処理が要求され、扱うデータも多様になっています。

＊

① 最初の「V」の「ボリューム」については、データの種類が非常に増えています。実際、「マルチメディア」の発展によって、「数値」「文字」だけではなく「画像」「動画」「音」などの「マルチメディア・データ」を扱うようになりました。

　データは、「**データベース**」(database) に保存されます。そして、まざまなシステムで用いられるますが、「**トランザクション**」(transaction: 取引) という処理の履歴もデータとして保存する必要があります。

　したがって、「ボリューム」は多量のデータを保存する観点から重要になります。

② 第 2 の「V」は、「多様性」です。

データの種類が増えている上、解析すべきデータの形態も増えてきています。まず、「データベース」の発展で、「表データ」「階層的データ」「マルチメディアデータ」「知識」が基本的なデータになっています。

　「インターネット」では、「文書」「メール」「ハイパーテキスト」および「マルチメディア・データ」がデータとして扱われており、最近では、携帯電話などの携帯端末でも扱えます。

　また、「Twitter」「Line」などのいわゆる「ソーシャルメディア」に関するデータもあります。

　さらに、「金融取引」「株式取引」などのサービスの普及で、「取引」のデータ、すなわち、「トランザクション」も扱われています。これらのデータは、「時系列データ」になります。

　なお、データの「多様性」は、データそのものの多様性だけではなく、扱われる環境についての多様性も含みます。

③ 第 3 の「V」は「速度」です。データが多量になっても、高速に処理される必要があります。また、データの量と種類が増えると、当然、処理は複雑になり、高速処理は難しくなります。

　各種のシステムでは、データの「リアルタイム処理」が要求されます。

また、「マルチメディア・データ」の処理では「ストリーミング」などの技術が、「データベース」のデータ処理では「トランザクション処理」が必要になります。

【アーキテクチャ】

「ビッグデータ」を利用するには、その「アーキテクチャ」(architecture) を構築しなければいけません。

「アーキテクチャ」は、扱う対象や抽象レベルによって、「ICT」ではシステムの思想や構造などが変わります。

従来の「ソフト」や「ハード」では、それらの「アーキテクチャ」は確立していました。しかし、「ビッグデータ」の場合、その「アーキテクチャ」は、未だに明確ではありません。

現在の「ビッグデータ」の状況を反映している「アーキテクチャ」は、「ビッグデータ」を処理する「システム」、すなわち、「ビッグデータ・システム」の「アーキテクチャ」と考えられます。

＊

「ビッグデータ・システム」は、以下のような「コンポーネント」から構成されます。

- ビッグデータ・インフラ

- ビッグデータ・アナリティックス

- ビッグデータ・クラウドファシリティ

「ビッグデータ・インフラ」(Big Data Infrastructure)　「ビッグデータ」を処理するための基盤である「ハード」「ソフト」。

ここで、高速な「ハード」と大容量の「データベース」は必須です。

「ビッグデータ・アナリティックス」(Big Data Analytics) 「インフラ」の基礎となるもので、現在では、「MapReduce」「Hadoop」が想定されています。

　なお、「Hadoop」は「MapReduce」の代表的な実装ですが、具体的なソリューションは「NoSQL」で行ないます。
　また、各種の「ビッグデータ技術」が「アナリティックス」として用いられます。

「ビッグデータ・クラウドファシリティ」(Big Data Cloud facility)
「クラウド」で「ビッグデータ」をいかに扱うかの技術。
　「クラウド」は「インターネット」によってデータを一元的に管理するもので、「ビッグデータ」とは違う概念です。

　しかし、通常のユーザーは「ビッグデータ」を保存する手段をもっていません。よって、「クラウド」を用いる技術が非常に重要になります。

---

*

　なお、「ビッグデータ」の具体的な「アーキテクチャ」としては、次のようなものがあります。

- MapReduce
- Hadoop
- NoSQL

　「**MapReduce**」　2004 年に 「Google」(グーグル) によって考案された「ビッグデータ」の分散処理技術の「**フレームワーク**」(framework) 。

　「Google」は、検索エンジンを中心とする Web サービスを提供する会社で、「ビッグデータ」を扱う技術を研究していましたが、基本となるモデルが「MapReduce」です。その基本になる考え方は「Map」「Reduce」という 2 段階によってデータを処理するものです。

　「**Hadoop**」　2009 年に Appache 財団によって開発された「MapReduce」と同等の機能を提供するオープンソース・ソフト。

　Google は「MapReduce」のソースを公開していませんが、「Haddop」はオープンソースでソースが公開されているので、その後、幅広く利用されています。

　「Hadoop」は、「MapReduce」の分散データ処理を実装するための「フレームワーク」を提供しますが、「HDFS」「MapReduce」から構成されます。

　「**HDFS**」(Hadoop Distributed File System)　複数のノードのローカルファイルシステムを論理的に結合し、1 つのファイルシステムを作成するもの。

　「**NoSQL**」　1998 年にストロッチによって提案された「リレーショナル・データベース」以外の「データベース」のための「問合せ言

語」。

　現在、「リレーショナルデータベース」は、「データベース」の基本ですが、「ビッグデータ」のためには新しい概念の「データベース」が必要になります。

「NoSQL」は、「リレーショナル・データベース」以外の「データベース」の総称です。「NoSQL」は、高速かつ同時並行処理によって多量のデータの収集および蓄積ができますが、ほとんどの「NoSQL」では、通常の「リレーショナルデータベース」の特徴である「トランザクション制御」をサポートしていません。

　また、「NoSQL」では、複数のサーバで 1 つの「データベース」を管理する「分散データベース」として設計、実装されていることが多くあります。さらに、データベース設計が不要な「NoSQL」もあります。

【応用分野】

　「ビッグデータ」の応用分野は、科学研究からビジネスまで多岐にわたります。現在の先端科学分野では、多量のデータを高速に処理する必要があります。

　特に、「生命科学」「原子力」などの分野では「ビッグデータ」が大きな役割を果たします。
　従来の技術ではそれらの分野の大きな発展は考えられませんでしたが、「ビッグデータ」が発展の可能性を高めました。
＊
生命科学における重要なプロジェクトの 1 つに、「ヒトノゲノム計画」(Human Genome Project) がありました。

　生物の遺伝子情報を「ゲノム」(Genom) と言い、人間の「ゲノム」を「ヒトゲノム」(Human Genom) と言います。

　ヒトゲノム」は、約 30 億個の「塩基」で構成され、23 対の「染色体」に詰み込まれていることが知られています。「ヒトゲノム計画」の目的は、「ヒトゲノム」を完全に解析することでした。

　「ヒトゲノム計画」の成功は、「ビッグデータ」の重要性を示すものと考えられます。なぜなら、「ヒトゲノム」には膨大なデータとそれを高速に解析する技術が必要だからです。

　まず、「ヒトゲノム計画」の成功の大きな要因は「スーパー・コンピュータ」を代表とするコンピュータの計算速度の飛躍的な向上です。現在では、短時間での解析が可能になりました。

＊

　「ビッグデータ」は、科学分野のみならずビジネス分野でも利用されるようになっています。たとえば、「**Amazon**」(アマゾン) は、「ビッグデータ」を上手く活用しています。

　「Amazon」は、もともとは書籍の販売を行なっていましたが、現在では、電化製品などの日用品も販売しています。
　よって、多量のユーザーに関するデータを処理しなければいけません。

　たとえば、「Amazon」である書籍を検索すると、当然ながら、書籍情報が表示されますが、それとともに、その書籍の購入者の他の購入書籍の一覧も表示されます。この機能は、購入者の購入履歴を分析し、関連する書籍を表示しています。

すなわち、購入者についての情報が「ビッグデータ」として保存され、リアルタイムにアクセスし、適当な処理が行なわれていることを示しています。

さらに、それ以降、新刊情報や購入して欲しい製品 (書籍以外も含まれる) のリストもメールで定期的に送付されます。

*

「ビッグデータ」の技術は年々発達しており、さまざまな分野に応用されています。実際、その応用分野は科学技術だけでなく、ビジネスにも拡大しています。

「フィンテック」は、基本的には、多量な「金融データ」を処理する必要があります。したがって、「フィンテック」に「ビッグデータ」の手法を応用するのは当然と考えられます。

しかし、「金融データ」は時系列性をもつ特殊なデータなので、従来の手法を適切に拡張する必要があります。

4.3 ロボ・アドバイザー

すでに述べたように、「資産運用」には専門的な知識が要求されるので、一般の投資家は「フィナンシャル・プランナー」などの専門家に任せて「資産運用」を行なっています。当然、人手がかかるので、手数料が発生します。

証券会社などの投資会社は、投資家への投資サービスを提供することで利益をあげています。しかし、そのようなサービスのためのかなりの人件費も必要になります。

したがって、「資産運用」のサービスに「フィンテック」を導入すると、投資会社は人件費を削減できるメリットがあります。また、投資家も手数料を節約できます。

＊

「ロボ・アドバイザー」(roboadvisor) は、「ロボット・アドバイザー」の略で、コンピュータによる自動資産運用サービスです。すなわち、「ロボット」(コンピュータ) が投資専門家の代わりに「資産運用」を行なうものです。

＊

「ロボ・アドバイザー」では、「資産運用」に関する技術の他に、「人工知能」の技術も必要になります。

なぜなら、「ロボ・アドバイザー」は「投資専門家」という人間の代わりになるべきだからです。

しかし、これら 2 つの技術を統合するのは、必ずしも容易ではありません。また、そのような統合はこれまで研究されていませんでした。

「ロボ・アドバイザー」がもつべき機能は、「ライフ・プランニング」「資産運用」の 2 つです。「ライフ・プランニング」は、人生設計に応じた資産計画を立てるもので、人それぞれで異なります。

「資産運用」は、個人の「ライフ・プランニング」に基づき適当な「投資」の方法を選択し、それをユーザーに提案します。

そして、ユーザーがそれに同意すれば、実際の「資産運用」も行ないます。

「ロボ・アドバイザー」が普及すれば、投資会社は低価格の投資サービスを提供できるようになり、個人投資家が増える可能性があります。これは、投資会社にとって、ビジネスチャンスになります。

しかし、個人投資家にとっては大きな不安があります。

「ロボ・アドバイザー」に任せて大丈夫なのか、という不安です。

特に日本では、このような不安は顕著で、欧米に比べ「ロボ・アドバイザー」の普及が遅れている原因の 1 つになっています。

　上述の 2 つの「資産運用」の機能では、「資産運用」の点では、確かにコンピュータの方が人間より勝ると言えるかもしれません。しかし、「ライフ・プランニング」の面では、疑問が残ります。

　「ライフ・プランニング」の点で重要になるのが、いわゆる「プロファイリング」、すなわち、人物像調査です。
　従来、投資専門家は、ユーザーの「プロファイリング」を自らの知識と経験をベースに行なってきました。

　「ロボ・アドバイザー」で、このような「プロファイリング」をさせるには、ユーザーのさまざまなデータから適切な推論を行なわなくてはいけないので、「人工知能」のさまざまな手法を使う必要があります。

＊

　さて、「ロボ・アドバイザー」はアメリカで 5 年前くらいから注目されるようになりました。
　たとえば、 ベターメント (Betterment) 社やウェルスフロント (Wealthfron) 社は、老舗として知られています。
　そして、現在では、ベンチャーを含む 200 社以上の激しい競争になっています。

＊

　日本では、「お金のデザイン」という会社が 2013 年に「ロボ・アドバイザー」に参入しました。そして、2014 年に一般ユーザー向けサービス「THEO」(テオ) を開始しました。
　「THEO」では、10 万円から手数料 1％で投資を行なってくれるので非常に注目されています。
　その後、「WealthNavi」(ウェルスナビ) や「FIOLIO」(フィオリオ) がサー

ビスを開始しました。

図 4.1　THEO (theo.blue)

　近年では、このような状況を大手金融機関も無視できなくなりました。たとえば、「みずほ銀行」は、2015 年 10 月に「**SMART FOLIO**」(スマートフォリオ) を開始しました。

　「SMART FOLIO」は、投資プロが活用する投資手法をアドバイスし、7 つの質問に答えると、ユーザーのプロファイルに適した「投資信託」を教えてくれます。また、中立的な立場からの運用アドバイスを行ない、高品質かつ低コストの運用が可能です。

　なお、「SMART FOLIO」は、「みずほ銀行」の口座を持っていなくても無料で利用できます (fund.www.mizuhobank.co.jp/webasp/mizuho-bk/simu)。

図 4.2　SMART FOLIO

*

　また、「三菱 UFJ 国際投資顧問」は、2016 年 3 月に「**PORTSTAR**」(ポートスター) を開始しました。

　これは、5 つの質問に答えると、ユーザーのプロファイルに適した「投資信託」を教えてくれます。

　「PORTSTAR」は、個人情報の登録なしに誰でも利用できます。プロが診断した資産配分を低コストのバランスファンドで実現し、ユーザーのファンド選びを支援します。

図 4.3　PORTSTAR (`portstar.mukam.jp/lp/1606lp.html`)

＊

　「ロボ・アドバイザー」は、日本でも確実に普及してくると思われます。しかし、「ロボ・アドバイザー」が、将来、専門家の代わりになるかは、分かりません。

　しかし、少なくとも投資家の助けにはなる、とは言えるでしょう。

　また、「ロボ・アドバイザー」の現在の対象は、主に「投資信託」です。

　これは技術的問題に起因していると思われますが、今後、投資全般に拡張する必要があります。

　いずれにせよ、「ロボ・アドバイザー」の動向は「フィンテック」の将来に大きな影響を与えることでしょう。

第5章

資金調達

第5章では、「資金調達」について説明します。
「資金調達」は、企業や個人の活動で大きな役割を果たします。
ここでは、「融資」「ソーシャル・レンディング」「クラウド・ファンディング」
を紹介します。

5.1　融　資

　企業や個人の活動には、そのための「**資金調達**」(funding, financing) が必要
な場合が多くあります。

　「資金調達」には、「資本金」によるものと「他人資本」によるものがあり、
前者は「自己資本」になり、後者は「負債」になります。

　従来、大企業は「株式」を利用して投資家から「資金」を調達していました。
しかし、未上場の中小企業やベンチャー企業や個人が「資金調達」をするの容
易ではありませんでした。

　その理由は、金融機関が借り手を厳しく審査するからです。
　したがって、誰もが充分な「資金調達」をできるわけではありませんでした。
　しかし、最近の法改正と「フィンテック」によって、「資金調達」の方法は、
非常に多様化しました。

＊

　一般的な「資金調達」の方法は、「**融資**」(loan: ローン) です。

　「融資」は、「金融機関」や「団体」が資金を必要とする人などに貸し出すことです。「金融機関」は、「融資」をすることで、融資先からの「利息」を利益として得ることができます。

　なお、事情 (たとえば、災害など) を考慮した利益を目的にしない「融資」もあります。

　また、「消費者金融」などの個人に対する融資は「ローン」と言います。カード会社も、カードを用いた個人向けの「融資」を行なっています。

＊

　銀行などの金融機関は、まず、融資を望む個人や企業をそれぞれの基準で審査します。その結果、条件を満足する場合に資金を貸します。

　ここで、「基準」としては、「自己資本」「担保」「経営状態」などが含まれます。

　よって、中小企業が「融資」を受けるのは簡単ではありません。

　「融資」を受けた側は、法律上、「貸し手」の「金融機関」などに「元本」と「利息」を返済しなくてはいけません。すなわち、「金融機関」 (債権者者) は、「借り手」 (債務者) から「元本」と「利息」を回収します。

　「返済」は、決められた返済日に、定められた返済法に従った金額を払います。

　「返済方法」には、各返済日に同額の金額を払う「元利均等返済」や、各返済日に同額の金額の元本と利息を払う「元金均等返済」などがあります。

　「融資」における「利息」の割合は、「**金利**」(interest) と言います。「金利」は、返済方法によって異なります。「金利」の上限は「上限金利」と言い、2006年の貸金業法の改正で、年利 20 % になりました。

＊

　以上のように、「融資」のハードルは高いので、資金力が低い個人や中小企業が多額の「融資」を受けるのは極めて難しいと考えられます。

　すでに述べたように、「融資」の審査は厳しく行なわれます。そして、「融資」の「金利」は低くありません。よって、充分な資金力がない個人や企業が、新規事業などに参入する際の大きな障害になっています。

　しかし、次節以降で説明するように、「フィンテック」は従来の「融資」と異なる形態、たとえば、「ソーシャル・レンディング」「クラウド・ファンディング」などによって、新しいタイプの「資金調達」を可能にします。

5.2　ソーシャル・レンディング

　「ICT」の発展によって、「インターネット」は我々の生活に不可欠なツールになってきました。
　銀行などの金融機関は、「インターネット・バンキング」をサポートするようになりなりました。

　我々は、「パソコン」や「スマートフォン」を使用して、手軽に「入金」「出金」「送金」「融資」などができるようになりました。
　現在では、金融機関にわざわざ出向く必要はなくなりました。

　「フィンテック」では、さまざまな形態の「融資」が注目されています。
　「ソーシャル・レンディング」(Social Lending) は、インターネットを通じて借り手と貸し手を結びつける仲介サービスで、「P2P レンディング」と言うこともあります。

　なお、「ソーシャル・レンディング」は、次節で紹介する「クラウド・ファンディング」の一種である「投資型クラウド・ファンディング」に分類されることもあります。しかし、「資金を調達する」という意味で、以下で別途説明します。

　「ソーシャル・レンディング」の市場は年々拡大しており、「資産運用」の1つとしても注目されています。
　その利点は、まず、預金などの他の「資産運用」よりも利率が良いことです。また、少額から投資でき、分散投資の1つとして利用できます。

　そして、「株」などの金融商品と違い、市場の動向の影響が小さい、という特徴があります。さらに、投資条件によっては、毎月配当を得られます。

　したがって、「ソーシャル・レンディング」は、銀行などの「融資」ではカバーできない顧客が利用できます。すなわち、新しい形態の「融資」と解釈できます。

　一方、欠点としては、元本が保証されません。
　また、貸付先と「ソーシャル・レンディング」の会社が倒産するリスクがあります。実際、「ソーシャル・レンディング」の顧客は「クレジットカード」の借り換えで「ソーシャル・レンディング」を利用する人も多いのが実態です。

　「クレジットカード」による「融資」には、当然、上限があります。限度額いっぱいの「融資」を受けた人は、他の手段の1つである「ソーシャル・レンディング」を利用する傾向にあります。しかし、経済状況が悪化すれば、大きなリスクになる可能性もあります。
*
　現在、世界的には、次のような「ソーシャル・レンディング」のサービスが知られています。

- Zopa
- Prosper
- Lending Club

「**Zopa**」（ゾーパ）　2005 年に、イギリスの「Zopa」が個人同士の「融資」ができるサービスを世界で初めて開始しました。

これが「ソーシャル・レンディング」の始まりと考えられます。

日本にも進出しましたが、2015 年には撤退しました。

「Zopa」は、ロンドンのインターネット銀行「egg」の出身者によって設立され、現在、ヨーロッパ最大規模になっています。

信用情報などを用いて、借り手を審査し、貸付額と金利を決定して、「貸し手」と「借り手」の両方から貸付額の 0.5% の手数料を利益としています。

図 5.1　**Zopa** (www.zopa.com)

「**Prosper**」（プロスパー）　アメリカで 2005 年にサービスを開始した「ソーシャル・レンディング」。

「Prosper」は、現在、アメリカでは、最大規模の「ソーシャル・レンディング」に成長しました。

基本的なサービスは「Zopa」と同じですが、手数料が借り手が貸

付額の 1 − 2%、貸し手が貸付額の 0.5 − 1% になっています。

　借り手の希望金額、クレジットスコア、過去の返済履歴などで審査が行なわれます。

図 5.2　Propsper (www.prosper.com)

「**Lending Club**」　2007 年に創業したアメリカの「ソーシャル・レンディング」。

　「Lending Club」は、「ソーシャル・レンディング」の最大大手で、2014 年にニューヨーク証券取引所に上場しました。

　現在、「Lending Club」のサービスは、アメリカ国内に限定されています。顧客は、現在の資産状況、負債状況などから、35 段階に分類され審査されます。

　なお、1, 000 − 35, 000 ドルの融資が受けられます。

図 5.3　Lending Club (www.lendingclub.com)

＊

　日本では、2008 年に「maneo」(マネオ) が最初に「ソーシャル・レンディング」に参入しました。

　「maneo」は、「インターネットオークション」と「SNS」を利用して、「融資」の仲介を行ないます。

　借り手は、日本在住の 20 歳以上 60 歳未満で、税込み年収 300 万以上に限定されています。

　そして、審査の結果、10 万以上 200 万未満の「融資」が受けられます。

図 5.4　maneo (www.maneo.jp)

＊

　その後、2013 年に「クラウドバンキング」が参入しました。

　また、2014 年には「ラッキーバンク」が、2015 年には「トラストファイナンス」が創業しており、今後もサービスを提供する会社が増えると予想されます。

＊

　「ソーシャル・レンディング」は、新しいタイプの「融資」で、既存の金融機関とは異なる側面をもっています。よって、個人や中小企業の事業のチャンスを拡大するものと考えられます。

　しかし、日本では、「賃金法」などでの登録が必要で、現在のところ、その市場が大きく伸びるかは不明です。

5.3 クラウド・ファンディング

「クラウド・ファンディング」(Crowdfunding) は、事業などの目的で、インターネット上で多くの人から資金を調達するもので、「ソーシャル・ファンディング」とも言います。

「クラウド・ファンディング」は、「ベンチャー企業の起業」の他、「研究」「政治」「映画」などの多目的に利用されています。

＊

「クラウド・ファンディング」は、出資者に対する「見返り」の形態によって、次の3種類に分類されます。

- 投資型クラウド・ファンディング
- 寄付型クラウド・ファンディング
- 購入型クラウド・ファンディング

【投資型クラウド・ファンディング】

「投資型クラウド・ファンディング」は、見返りが金銭である「クラウド・ファンディング」です。

なお、投資のタイプにより、「融資型」「株式型」「ファンド型」に細分類されます。

前節で紹介した「ソーシャル・レンディング」は、「融資」が見返りになり、「融資型」に対応しますが、「クラウド・ファンディング」の大部分はこれになります。

「株式型」「ファンド型」は、それぞれ、見返りが「株式」「ファンド」になります。

「株式型」では、未上場企業に投資できるという利点があります。しかし、株式相場に関するリスクもあります。

　また、「ファンド型」では、特定の事業者に出資できますが、事業の成否に関するリスクがあります。

【寄付型クラウド・ファンディング】

　「寄付型クラウド・ファンディング」は、寄付の形で出資を行なう「クラウド・ファンディング」です。

　したがって、「寄付型クラウド・ファンディング」では、見返りはありません。

　「寄付型クラウド・ファンディング」は、「慈善事業」や「災害復興事業」などでしばしば利用され、社会貢献に役立っています。

　通常の「寄付」とは違い、事業の進行状況などが出資者に知られる、という特徴があります。

　たとえば、2012 年には、「トラストバンク」が運営する「ふるさと納税ポータルサイト」では、自治体への「寄付型クラウド・ファンディング」である"ガバメント・クラウド・ファンディング"の「ふるさとチョイス」を行なっています。

図 5.5　ふるさとチョイス (www.furusato-tax.jp/gcf)

　「ガバメント・クラウド・ファンディング」は、政府 (自治体) が行なう「クラウド・ファンディング」で、すべての寄附が「ふるさと納税」の対象になります。

よって、すべて自治体のため、安心して参加できます。

【購入型クラウド・ファンディング】

「購入型クラウド・ファンディング」は、出資の見返りが金銭以外のサービスや商品になる「クラウド・ファンディング」です。

出資によって事業が成功すると、出資者は事業に関連するサービスを受けます。

「購入型クラウド・ファンディング」は、日本では、かなり普及している形の「クラウド・ファンディング」で、「映画制作」「アイドル応援」「ソフトウェア開発」などに利用されています。

しかし、実際のサービスを受けるまで時間がかかることもあります。

＊

たとえば、2011 年にサービスを開始した「**MotionGallery**」は、「映画」「音楽」「アート」「出版」などのクリエイティブ系プロジェクトのための「購入型クラウド・ファンディング」です。

500 円からの出資が可能で、出資額の 10% の手数料がかかります。

図 5.6　MotionGallery (`motion-gallery.net`)

「MotionGallery」は、「創造的な社会を作り上げる活動すべてがアートである」というビジョンを具体化する「クラウド・ファンディング」の「プラットフォーム」です。

そして、さまざまなクリエイティブ活動をスタートさせる、新しい形で活用

されています。

＊

「クラウド・ファンディング」の利点　まず、「事業者」が「金融機関」に頼らないで多額の資金を不特定多数の人から集められることが挙げられます。

もちろん、事業の内容が魅力的でなければ必要な資金は集まりません。

「投資型」「購入型」では、「見返り」の内容、すなわち、「配当」「商品」「サービス」などがポイントになります。

また、「寄付型」では、事業の内容や達成などが必要になります。

出資者の立場からすると、「クラウド・ファンディング」は「株式」などの既存の金融商品にないサービスが得られます。

また、「クラウド・ファンディング」は、金融機関の商品とは違い、手数料がないか少額なため、金利の面で有利になります。

さらに、少額からの投資が容易にできます。

そして、事業への共感などが得られる可能性があります。

すなわち、「見返り」は「配当」などの金銭面以外のものになります。

＊

「クラウド・ファンディング」の欠点　まず、資金を調達する事業者が集めた資金を有効的に活用しない可能性があります。

「投資型」では見返りである配当が思うように得られない場合、元金が戻ってこない場合や、会社が成長しない場合があります。

また、「購入型」「寄付型」では、事業そのものが思い通りに進行しないことがしばしばあります。

そのような場合、「見返り」を受けられなかったり、受けるのに時間がかかります。

＊

「クラウド・ファンディング」では、いったん出資すると、その出資金は基本的に返ってきません。

また、事業が失敗したり、途中で当初とは異なる形になって、出資者の意図と違う状況になることもあります。

そして、「クラウド・ファンディング」を運営する会社の問題があります。

そのような会社では、資金の扱いがずさんな場合もあります。

また、多様な「クラウド・ファンディング」があるので、さまざまなトラブルが発生することもあります。

5.4　クラウド・ソーシング

「クラウド・ファンディング」は資金調達の新しい形ですが、最近では、仕事そのものを不特定多数に割り当てる「**クラウド・ソーシング**」(crowdsourcing) も注目されています。

従来、大手企業は仕事を外部の企業に発注する、いわゆる「**アウトソーシング**」(outsourcing) という形態を用いていました。

しかし、「インターネット」の発展で、不特定の企業や個人に仕事を発注することができるようになったので、「クラウド・ソーシング」も普及しつつあります。

たとえば、2008 年に創業した「ランサーズ」は、「クライアント」 (発注者) と「ランサー」 (受注者) が匿名で、「Web サイト制作」や「システム開発」「ロゴ」「ネーミング」「ライティング」などさまざまな仕事のやり取りができます。

図 5.7　ランサーズ (lancers.jp)

＊

「クラウド・ソーシング」によって、「労働者」の「年齢」「居住地」「時間」の制約が少なくなります。これによって、「企業」は「潜在的な労働力」を開拓でき、「多様な人材」を取り込めます。

また、「働くチャンス」がなかった人にも「働くチャンス」ができるというメリットがあります。

しかし、不特定な人間の仕事を総合的に管理するのは容易ではありません。

たとえば、仕事をいかに割り当てるかは従来よりも難しくなります。

さらに、報酬の決定や責任の所在などの点でも多くの問題があります。

第6章

保　険

第6章では、「保険」について説明します。
「保険」は、「フィンテック」の新しいターゲットと考えられます。
ここでは、「新商品」「資産管理とリスク管理」「顧客サービスと顧客獲得」を紹介します。

6.1　　　新商品

　「フィンテック」は、金融サービスに「IT」を取り入れて、新しい可能性を探っていますが、さまざまな業種への応用が期待されています。

　その1つのターゲットが、「保険」(insurance) です。

　しかし、現状では、「保険」への応用は銀行や証券会社など金融への応用と比べて、遅れていると思われます。

　その理由としては、「保険業界の体質」「保険製品の多様化「少子化」「高齢化」などが考えられます。

【保険】

　「保険」は、偶然の事故や病気などで生じる財産的損失を保障するために、保険加入者の多数の者が「保険料」を払い、事故などに会った保険加入者に「保険金」を払う制度。公的機関や保険会社が運営しています。

＊

　主な「保険」には、次のようなものがあり、それぞれ細分化されます。

- 生命保険
- 医療保険
- 損害保険
- 介護保険

「**生命保険**」(life insurance)　人間の死亡による損失を保障する「保険」。「生保」と省略して言うこともあります。

　なお、「生命保険」には、「終身保険」「定期保険」「養老保険」「個人年金保険」などがあります。

「**終身保険**」　一生涯死亡保障が続く「生命保険」。貯蓄機能もあります。

「**定期保険**」　一定の保証期間に死亡したときのみ保険金が支払われる「生命保険」。

「**養老保険**」　一定の保険期間内に死亡した場合は保険金を、死亡せず満期を迎えた場合は同額の満期保険金を受け取れる「生命保険」。

「**個人年金保険**」　老後に年金を受け取れる「生命保険」。

「**医療保険**」(medical insurance)　医療機関を受診した際の医療費の一部または全部を給付する「保険」[1]。
また、「医療保険」として「がん保険」もあります。

---

[1]日本では、強制加入の「医療保険制度」があり、毎月徴収される「保険料」で運営されている。さらに、さまざまな保険会社がいわゆる「第三分野保険」を提供している。

「損害保険」(general insurance)　自然災害や自動車事故などの損害を補償する「保険」。「損保」と省略して言うこともあります。

なお、「損害保険」には、「損害保険」「火災保険」「自動車保険」などがあります。

「介護保険」(long-term care insurance)　介護のために給付される「保険」。

＊

なお、「保険業法」では、「保険」は「第一分野保険」「第二分野保険」「第三分野保険」の 3 種類に分類されます。

「第一分野保険」　生命保険固有分野の保険で、「終身保険」「定期保険」「養老保険」など。

「第二分野保険」　損害保険固有分野の保険で、「火災保険」「自動車保険」など。

「第三分野保険」　上記 2 つに属さない「保険」で、「がん保険」「障害保険」など。

【保険商品】

「フィンテック」は、「保険」に新しい商品やサービスを開拓するのに役立っています。

まず、「IT」によって、我々は「Web」を用いて保険会社の「保険」を契約でき、契約内容を確認できます。

また、保険会社は、「新商品の開発」「リスク管理」「顧客サービス」「顧客獲得」などの保険業務を効率化できます。

その結果、人件費などのコストを削減できます。

*

「フィンテック」との関連でもっとも注目されるのは、「新商品」の開発と提供です。

「保険」は、理論的には、「**大数の法則**」(law of large numbers) をベースに商品化されています。

「大数の法則」は、分かりやすく言うと、『試行回数が非常に多い場合、経験的確率と数学的確率は一致する』ということになります。

将来的に、我々は事故や災害に遭うかを予測できません。

よって、保険会社は、多数の保険加入者を集め、加入者の事故発生率と保険金支払額から「保険料」を決定しています。

「保険料」は加入者に妥当なものであり、かつ、保険会社は総合的に利益を得なければいけません。

*

「フィンテック」の導入で、次のような特徴をもつ新しい「保険」の商品化ができるようになります。

- 安価な保険
- 個人情報に合った保険
- 個人固有情報に合った保険

「フィンテック」が『安価』な「保険」を提供できるのは、当然です。

なぜなら、「IT」によって保険会社は人件費などの経費を大幅に削減できるからです。

*

「年齢」「性別」などの「個人情報」は、ある種の「保険」の選択に役立ちます。「平均寿命」などのデータは統計的に十分に精査されています。

たとえば、「生命保険」の場合、年齢が高いほど保険料は高くなります。

　「フィンテック」が有効なのは、「個人固有の情報」を考慮できる可能性があるからです。「個人固有の情報」は、さまざまな保険商品の開発に役立つと思われます。

　たとえば、「生命保険」「医療保険」の場合、喫煙者や飲酒者は病気のリスクが高くなるので、そのような情報を顧慮できます。

　また、「自動車保険」でも、運転技術のレベルや運転頻度などの情報は重要です。

＊

　「フィンテック」の活用は、新しいタイプの保険商品の開発に役立つと考えられます。今後、新しいタイプの保険商品が増えることでしょう。

　しかし、実際には、保険業界が「フィンテック」を取り入れ始めたのはつい最近であり、それを将来的に生かせるかはまだ分かりません。

6.2　資産管理とリスク管理

　「保険」は、予期せぬ事故や災害の損失を補償するものなので、保険会社は自身の「資産管理」も行なう必要があります。

　また、多様なリスクが発生する可能性があるので、「リスク管理」(risk management) も重要になります。

【資産管理】

　保険会社の資産は、「保険契約」と「その他の資産」に分けられます。ここで、「その他の資産」は、通常の資産と同様に管理できます。

　問題になるのは、「保険契約」をいかに管理するかになります。

　実際、「保険契約」の「契約件数」は極めて多いのが事実です。そして、「保険」には、多くの「オプション」があります。

　これら 2 つの点は、保険会社の「保険契約」についての「資産管理」を難しいものにしています。

＊

　保険会社は、「保険契約」全体の価値を効率的に評価して、それらを処理する必要があります。以前は、このような評価は人手に頼っていたのですが、時間および経費の面で問題でした。

　しかし、現在は、「フィンテック」によって、この問題は改善されつつあります。

　コンピュータの能力が向上し、シミュレーション技術が発展したため、さまざまな観点から、資産価値を評価できるようになりました。

【リスク管理】

　保険会社は、「保険」に関連するさまざまな「リスク」を回避しなくてはいけません。「リスク」をゼロにするのは、現実的には不可能ですが、できるだけ小さくすることが求められます。

　「保険」についてのもっとも大きな「リスク」は、「保険」を引き受けることの「リスク」です。

　保険会社の対象とする「保険商品」には、想定外の多額の保険金を支払う場合があり得るわけです。

　よって、保険会社は、常に、最悪のシナリオを想定しなくてはいけません。

　たとえば、経済状況の悪化は「リスク」の要因になります。また、事故や災害の発生率の変動も「リスク」の要因になります。

　したがって、これらの要因を正しく予測しなくてはいけません。

＊

　さらに、保険会社が保有する「資産」についての「リスク」があります。

　保険会社は、保険商品以外の保有資産、すなわち、「金融商品」や「不動産」

で「資産」を形成します。

　「金融商品」は、市場の動向で大きく変動する可能性があり、運用の仕方によっては損失が発生する可能性があります。

　また、「不動産」も経済状況で大きく下落することもあります。

　さらに考えられるのは、保険会社のシステムの「リスク」や資金の「リスク」です。

　たとえば、保険会社のシステムが何らかの原因でダウンしたり、システムに不正アクセスが行なわれると、保険会社は損失を被るかもしれません。

　また、保険の契約件数の減少や災害の増加などで保険支払いが増加すると、保険会社の収益は悪化します。

　そのような場合、保険金支払いのための資金が必要になり、会社の資産を資金化しなくてはいけません。

　よって、万が一のための資金の確保が必要になります。

　もちろん、保険会社は、通常、ある程度の資金は確保していますが、想定外の状況になると、それが充分とは限りません。

＊

　保険会社の「資産管理」「リスク管理」は、他業種の会社に比べ複雑です。

　実際、保険会社が保有する「資産」の構成は特殊で、それらの評価も容易ではありません。

　さらに、「資産」には、多様な「リスク」が存在することを忘れてはいけません。したがって、「リスク」を回避し、損失を最小化する必要があります。このような「リスク管理」に「フィンテック」を活用できる可能性があります。

6.3　顧客サービスと顧客獲得

　保険業界は、現在、厳しい状況にある、と言えます。

　さまざまな要因がありますが、もっとも問題なのは少子化と高齢化で、今後、さらに深刻化します。

　また、災害の多発や経済市場の動向も大きく影響しています。

　これらの問題に対応するため、保険会社は各種の「保険商品」を開発しています。しかし、保険会社も多くなっており、差別化は非常に難しくなっています。したがって、顧客に対するサービスと顧客の獲得に力を入れています。

【顧客サービス】

　我々は、保険会社を選ぶ場合、当然ながら、自分に適切な会社を探します。

　逆に言うと、保険会社は、よりよい顧客サービスを提供することが求められます。

もちろん、さまざまな「保険商品」を提供することがもっとも重要ですが、現在では、「保険商品」の種類の面では飽和状態と言えます。

　したがって、各種の顧客サービスを充実しなくてはいけません。

まず、「保険」の契約においては、保険会社は契約者に保険内容を正しく提示する必要があります。

　当然、契約者は、「保険料」「保険金」「オプション」などの項目を効率的に理解できることを望みます。

　しかし、契約書では、容易に理解できない場合もあります。よって、契約内容をわかりやすく提示できるシステムを構築しなければいけません。

　保険内容の確認や更新が容易なことは、当然のサービスと考えられます。

　また、「保険金」の支払いが必要になった場合の手続きの簡素化や効率化も重要です。

これらの手続きが「Web」上でできることは、重要になります。

たとえば、「日本生命」のホームページでは、「契約内容の確認」「保険金・給付金の受け取り請求」「住所・電話番号の変更」などの手続きができるようになっています。

これらの手続きは、従来、手間のかかるものでしたが、「フィンテック」で手間は省けるようになりました。

図 6.1　日本生命 (www.nissay.co.jp)

最近では、多くの保険会社が「保険」に関連する付加的なサービスを導入しています。

たとえば、生命保険会社の場合は、「メディカル・サポート」や「生涯設計サポート」などで、新たなビジネスチャンスになると考えられます。

【顧客獲得】

保険会社が事業拡大するには、より多くの顧客を獲得しなければいけません。

なぜなら、保険契約数が直接的に利益に反映するからです。

したがって、「顧客獲得」が非常に重要になります。

従来は、保険会社は、「新聞」「テレビ」「ダイレクトメール」などでの宣伝と保険外交員による営業で顧客を開拓していました。

しかし、いずれの方法も、コストは必ずしも小さくありませんでした。

＊

　「インターネット」による「保険」の宣伝は、保険会社と顧客の双方にとって有用と考えられます。

　保険会社は、宣伝費を節約でき、多くの情報を提供できます。また、顧客は、「インターネット」を利用し手軽に「保険」の情報が得られ、簡単に加入できるようになりました。

　最近では、ユーザーにとって有用な「保険」の比較や見直しのサービスを行なう会社も増えています。

　「保険」の多様化で、適切な「保険商品」を探すのは容易でありません。したがって、それらを比較し、見直すことは重要になります。

　また、さまざまな「保険商品」が日々開発されているので、ある「保険」に加入していたとしても、定期的な見直しも望まれます。

　しかし、「保険」の見直しを自力で行なうのは大変です。

　たとえば、「保険のビュッフェ」は、保険専門のフィナンシャルプランナーが顧客に合った「保険」を提案します。

　なお、見直しは無料でできます。そして、保険見直しは、店舗やユーザーの都合のよい場所で、相談できます。

図 6.2　保険のビュッフェ (hoken-buffet.jp)

＊

　「フィンテック」は、現在、厳しい保険業界の現状を打開するものとして期待されています。

　実際、「フィンテック」によって「保険」の仕組みは大きく変わろうとしており、新たな可能性も生まれています。

　また、ユーザーにとっても、きめ細かい内容の「保険」に加入できるメリットがあります。

＊

　「保険」については、いくつかの解決すべき問題点もあります。

　まず、「外資」「金融」「ネット」などに「保険」が解禁され、保険会社間の競争は非常に激化しています。

　ユーザーは、できるだけ有利な条件の「保険」を選びます。しかし、どの保険会社も大きな決め手がないのが現状です。

　よって、「フィンテック」の導入は保険会社の業績拡大には有益になります。なぜなら、それによって、ユーザーのニーズへの対応が容易になるからです。

　しかし、「フィンテック」の手法もさまざまです。すなわち、正しく導入されないと、大きな「リスク」が発生する可能性もあります。

　「保険」の選択肢が増えることは、ユーザーにとっては好ましいことです。これによって、多くの人は自分に適合した「保険」を見つけ、加入できるようになります。すなわち、万が一への備えについて安心感が高まります。

　もちろん、人によっては「保険」の選択は難しくなります。

　あまりにも選択肢が増えることによって発生する問題です。

　しかし、最終的には、個人が選択を決定するわけで、「フィンテック」は、ユーザーの利便性の向上に役立つでしょう。

＊

　今後、予想される問題としては、「保険」に加入できなくなる人が増える可能

性です。これは、「保険」の趣旨からすると、正常でない事態で、今後、適切な対応が求められます。

　「フィンテック」によって、IT についていけない人は保険が遠い存在になるかもしれません。

　また、「フィンテック」で「保険」に加入したい人は、収入、健康などのさまざまな角度から厳格に審査されます。

　そうすると、「保険」が本当に必要な人、たとえば、高齢者や貧困者などが「保険」に加入するのが難しくなる、という状況も増えてくるでしょう。

＊

　「保険」「資産」の「プランニング」が「フィンテック」で可能になると、我々の人生そのものの方向性が決定されることになります。

　日常生活が制約され、将来設計も自身の意思に反することになるかもしれません。

　「プランニング」は我々の指針であるべきで、一義的になるのは大きな問題です。

　しかし、現在、「フィンテック」の「保険」への応用はまだ表面的です。

　もちろん、新しいタイプの「保険」が開発され、顧客サービスも日々向上すると考えられます。

　ただ、現状では、我々の人生設計に大きな影響を与えるレベルには至っていない、と言えるでしょう。

第7章

不動産

第7章では、「不動産」について説明します。
「不動産」への「フィンテック」の利用は、「不動産テック」として業界の
仕組みそのものを変えようとしています。
ここでは、「不動産業務」「不動産査定」「不動産売買」を紹介します。

7.1 不動産業務

第 6 章で紹介した「保険」と同様、「不動産」(real estate) も、「フィンテック」の新しいターゲットになっています。

なお、「フィンテック」の「不動産」への応用は、「不動産テック」(real estate tech) または「リアル・エステート・テック」とも言われます。

＊

「不動産」は、「衣食住」の 1 つを担う重要なものです。そして、誰しもが「不動産」を利用します。

しかし、不動産業界は、昔ながらの仕組みで動いており、IT 化は遅れています。

したがって、「フィンテック」の「不動産」への応用が望まれています。

実際、「不動産」の需要は高く、「不動産テック」には大きな可能性があると考えられているからです。

＊

不動産業の旧態依然の体制は、いわゆる、「1952 年ルール」に起因し、それが「フィンテック」の推進の障害になっているのは明らかです。

「1952 年ルール」とは、1952 年に施行された「不動産業法」で、現在では、時

代遅れになっています。

たとえば、「1952年ルール」では、『契約が成立するまでの間にお金の支払いをしないと、鍵を渡したり契約をすることができない』、という内容があります。

しかし、これは「クレジットカード」や「インターネット」での決済が普及している現在の状況に対応していないものと考えられます。

【不動産】

まず、「不動産」について簡単に説明します。

「不動産」とは、「土地」およびその「定着物」(すなわち、「建物」) です。

なお、「不動産」以外のものは「**動産**」と言います。

日本では、土地と土地上の建物は別個の「不動産」と見なされます。

「土地」は、一定範囲の地面に、その空中と地中とを包含させたものになります。

なお、空中、地中については、それらの範囲は合理的な範囲に限られます。

「建物」は「土地」の「定着物」ですが、これは土地に付着され、かつ、その「土地」に継続的に付着された状態で使用されるもの、と解釈されます。

代表的な「土地」の定着物は「建物」です。

「不動産」についての諸法令は、まとめて「**不動産法**」と言いますが、「不動産法」という法律がとくにあるわけではありません。

たとえば、「不動産業務」(宅地土地取引業) は「宅地土地取引業」で規定され、「不動産」の売買契約には「民法」が適用されます。

【不動産業務】

「不動産業務」は、不動産会社などで行なわれますが、主な業務は以下のようになります。

- 仲介
- 管理
- サブリース
- 査定

「仲介」　「不動産」の売買や賃貸の諸手続きを代行すること。

なお、「仲介」はもっとも重要な不動産業務で、それに伴う「仲介手数料」は不動産会社の収入になります。

「管理」　建物の賃貸において入居者の対応、家賃集金、建物の修繕などのサービス。

一般に、「不動産会社」は「管理会社」を子会社としてもっています。なお、「管理」では「管理料」がかかります。

「サブリース」　不動産会社が不動産オーナーから「不動産」を借り上げ、貸主として借主に貸すこと。オーナーは管理業務を行なう必要はありませんが、手数料がかかります。

「査定」　ユーザーの要望で「不動産」の価値を評価すること。

現在では、一般に、不動産会社の「査定」は無料で行なわれます。

ただし、不動産会社の査定基準の違いで「査定」の結果が異なる場合があります。

＊

　以上のような不動産業務で、現在、さまざまなレベルの IT 化が進んでいます。

　したがって、次節以降で説明するように、「査定」と「売買」などにおける「フィンテック」の推進が有効と考えられています。

7.2　不動産査定

　「不動産取引」でもっとも重要なことは、「不動産査定」です。

　すなわち、ある「不動産」の価格がいくらか、ということを知らせることです。

　しかし、従来、「査定」はユーザーに不利に行なわれる傾向でした。

　その理由としては、物件が多く、それらの情報が分かりにくいことが挙げられます。

　もちろん、立地や利便性などの基本的な要因がウェイトを占めますが、他の要因もあります。そして、ユーザーが物件を自ら査定することは、容易ではありません。

　多くの不動産会社は、無料の査定サービスを行なっています。

　これまでの「査定」は、主に専門家の知識に頼っていました。しかし、「フィンテック」によって、「査定」は効率化されます。

　「査定」で有用な技術は、「ビッグデータ」と「人工知能」です。

　まず、膨大な物件の情報は「ビッグデータ分析」で処理できます。

　当然ですが、対象とするデータが多いほど「査定」は正確になり、「ビッグデータ分析」が有効になります。

　また、ユーザーの「査定」についてのニーズは多様です。

　実際の「査定」は、そのようなニーズを考慮して行なわれるべきですが、人間が効率的に行なうのは、さまざまな状況から、不可能になっています。

　「人工知能」の手法は、与えられたニーズから物件の適切な「査定」を効率化します。

　現在の査定サービスの多くは、「フィンテック」を活用しているわけではありませんが、その活用は進んでいます。

　実際、不動産会社にとってはコストの問題が発生し、ユーザーにっては正確性の問題が発生する状況です。

　『無料』という言葉で、ユーザーが不利になることもしばしばありました。

＊

　「フィンテック」の導入は、「査定」の精度を向上させ、不動産市場の活性化につながると考えられます。「フィンテック」の有用性は、次節で解説する「売買」にも当てはまります。

7.3　不動産売買

　「不動産売買」は、これまでは、不動産会社などが行なってきましたが、「フィンテック」の発達で、現在では、ネット上で完結できるようになりました。

　これは、不動産会社およびユーザーの両方にメリットがあります。

　また、「フィンテック」は、いわゆる**「ネット不動産」**というベンチャー企業の参入を加速しています。このような状況は、不動産業界を大きく変えると考えられます。

＊

　「不動産売買」のユーザーである「売り手」や「買い手」、および「不動産」の借主などは、不動産会社の店舗に行かず、「パソコン」や「スマートフォン」を利用して不動産売買ができるようになってきています。

　これは、不動産業界の不透明で複雑な慣行を打ち破るものです。

　不動産売買の場合、ユーザーは、物件の相場の確認後、査定を行ない、売却または購入を行ないます。

　「インターネット」の導入によって、ユーザーはこれらの作業をすべてネット上でできます。

　さらに、「フィンテック」によって、ユーザーは新しい付加価値を得ることができます。

　最近では、多くの不動産会社は独自の不動産データベースを開発し、さまざまな要因を考慮して、適切な売却価格を算出するサービスを行なっています。

　不動産会社は、このような「フィンテック」の活用で、店舗の家賃や人件費などのコストを削減することできます。そして、ユーザーは従来より低価格の手数料で不動産売買ができます。

＊

　日本における「不動産テック」は、マンション関連が中心ですが、主なものには、次のようなものがあります。

- **Nomad**
- **ietty**
- マンションマーケット
- おうちダイレクト

　「**Nomad**」（ノマド）　「アセンシャス」が 2014 年に開始した不動産仲介サービス。

　「**Nomad**」では、顧客の利便性と費用の透明性を追求しています。

　「Nomad」は、いつでもどこでも無料で始められます。お部屋情報はダイレクトに届き、質問も「チャット」で解決できます。なお、仲介手数料は、3万円 (税抜き) になります。

図 7.1　Nomad (hnomad-a.jp)

「**ietty**」(イエッティ)　2012年に創業した「不動産テック」。
　「チャット」による「賃貸不動産」の「レコメンデーション・プラットフォーム」などを提供しています。
　なお、「ietty」は、「AI」を利用した物件紹介を試験的に実施しています。

図 7.2　ietty (ietty.co.jp)

　「ietty」は、登録無料で、物件探しは「チャット」で行なわれます。希望物件を伝えると「チャット」で返答されます。
　なお、仲介手数料として、通常家賃の1か月ぶんがかかります。

「マンションマーケット」　2014 年に設立された同名の会社が提供するマンションの相場情報サービス。

「マンションマーケット」はマンションに特化しており、売却仲介手数料は、一律 49 万 8,000 円になっています。

「マンションマーケット」は、「中古マンション」の売却に特化した「スマート売却」を提供しています。

マンションごとの最新相場 (資産価値) や過去の取引価格など、マンションの売却・購入に必要な情報を得ることができます。

図 7.3　マンションマーケット (`mansion-market.com`)

「おうちダイレクト」　ヤフーとソニー不動産が 2015 年に開始した不動産売買プラットフォーム。

ユーザーは、不動産会社の仲介を頼らず不動産取引ができます。

図 7.4　おうちダイレクト (`realstate.yahoo.co.jp/direct`)

　　　　　すなわち、売却検討中と購入検討中の人を直接マッチさせ、自
分で物件を売却できます。したがって、手数料はかかりません。
　　この「手数料 0 円」は、不動産業界では画期的です。
　　また、ヤフーが提携していることで、今後の動向が注目されます。

＊

　「不動産テック」の普及では、物件探しの形態は大きく変わろうとしています。
　今まで、我々は不動産会社に訪問して直接物件を探す必要がありました。
　そして、物件を確定した場合、高い手数料を払うなど、時間、コストの面で問題がありました。

　しかし、「不動産テック」はこのような問題を解決します。
　なぜなら、「スマートフォン」などによる物件探しが容易になったからです。
　これは、物件探しを行なうユーザーにとって、以前から望まれたものでしたが、「不動産テック」で実現しました。

　また、最近の経済情勢から、「不動産投資」も注目されています。
　不動産取引は、手続きが複雑で、個人レベルでは簡単にできませんでしたが、不動産会社などが「不動産テック」を推進することで手軽になりました。

　今後、「住まい探し」と「投資」の両方で「不動産テック」はさらに成長すると考えられます。
　まず、「住まい探し」は以前より簡単になり、顧客は増えるでしょう。
　また、「投資」の面でも投資効率が高くなると思われます。

第8章

まとめ

第8章では、「フィンテック」の今後の可能性と問題について説明します。
「フィンテック」は新しい技術なのでさまざまな可能性がありますが、改善すべき問題もあります。
ここでは、「ビジネス・モデル」「問題点」「新技術」を紹介します。

8.1　ビジネス・モデル

　「フィンテック」は「金融」と「IT」を融合する、ということで、その可能性が注目され、現在、世界的に急速に普及しています。

　本書で解説したように、「資産運用」「資金調達」などの分野で、実際に、新しい局面を開いています。

　「フィンテック」の流れは、他分野にも応用可能と考えられます。

　すなわち、「フィンテック」の技術は「金融」だけではなく他分野にも有効であることを意味しています。

　しかし、「フィンテック」の手法をいかに応用するかは、難しい問題になります。

　よって、「フィンテック」の「ビジネス・モデル」(business model) を確立することが求められます。

　しかし、現在、そのような研究は遅れており、確立された「ビジネス・モデル」はありません。

＊

「フィンテック」の「ビジネス・モデル」は、次の3つから構成されると考えられます。

- **IT**
- 金融モデル
- フィンテック・サービス

「IT」 「インターネット」を利用した基幹サービスを提供するコンポーネント。

もちろん、「パソコン」や「スマートフォン」で使用できるのが前提になります。

従来、「資産運用」する場合、ユーザーは証券会社などに訪問し、専門家の助言などを受けて「投資」を行なっていましたが、「IT」を活用することで、訪問などの手間が省けるようになりました。

「金融モデル」 ユーザーの「資産運用」に合致した「モデル」を提供するコンポーネント。

すでに、さまざまな「金融モデル」が提案されています。

しかし、万能な「金融モデル」は、当然ながらありません。

よって、該当するビジネス分野に適した「金融モデル」を採用しなければいけませんが、それを同定するのがもっとも難しい問題です。

「フィンテック・サービス」 実際の分野に関する固有のサービスのコンポーネント。

これは、「IT」を補完するものです。

　従来の「フィンテック」は「金融」がターゲットでしたが、他の分野ではサービスは多様になります。

　よって、「フィンテック・サービス」も分野に応じたものが必要になります。

【応用分野】

　現在、「フィンテック」を「ビジネス・モデル」とした『…テック』という分野が多数登場しています。話題になっているものには、次のようなものがあります。

- アドテック
- アグリテック
- エジュテック
- ヘルステック

　「アドテック」(AdTech)　「広告」や「マーケティング」への応用。

　広告業界では、広告制作のために市場調査や広告制作の IT 化が要求されます。

　さらに、ネット上の広告も重要になっています。

　「フィンテック」の分析や予測の技術を用いて「マーケティング」を実施し、より効果的な広告が可能になります。

　たとえば、2000 年に「シャノン」は、マーケティング活動全般を自動化する「マーケット・オートメーション」に焦点を当てたサービスを提供しています。

図 8.1　シャノン (`shanon.co.jp`)

「アグリテック」(AgriTech)　「農業」(Agriculture) への応用。

　一見、農業は「フィンテック」と程遠いように思われますが、「フィンテック」の技術は多様に利用できます。

　「栽培の効率化」「品種改良」「安定供給」など、さまざまな可能性があり、最近、非常に注目されています。

　「アグリテック」の推進は、農業分野での人手不足や高齢化などの深刻な問題を解決する鍵になるかもしれません。

　たとえば、2014 年に創業した「**ファームノート**」は、「クラウド」を用いた「牧場管理システム」を提供しています。

図 8.2　ファームノート (`farmnote.jp`)

「エジュテック」(EduTech)　「教育」(Education) への応用。

　以前から、教育分野では、「CAI」「遠隔学習」「インターネット大学」などが「IT」を利用したものでした。

　しかし、「フィンテック」によって、教育の機会はさらに広がります。
　さらに、教育の質も向上すると思われます。
　そして、「エジュテック」はプログラミング学習などの「IT」の教育に効果的と思われます。

　たとえば、「ファンタムスティック」が 2012 年にサービスを開始した「キンダーパン」は、幼児向け教育アプリなどを提供しています。
なお、幼児向けの「エジュテック」の例は多くありません。

図 8.3　キンダーパン (jp.kiderpan.com)

「ヘルステック」(HealthTech)　　「医療」への応用。
　従来の「医療情報システム」を進化させるものです。
　「医療」「介護」の分野を大きく変える可能性もあります。

　日本では、「ヘルステック」の普及は遅れています。しかし、アメリカでは病院予約サービスを行なう「ZocDoc」などが事業を拡大しています。

図 8.4　ZocDoc(zocdoc.com)

＊

　「フィンテック」が普及し、その「ビジネス・モデル」が明確になると、さまざまな分野への応用が進みます。

　現在、「フィンテック」の流行に乗じて『 … テック』が増加している傾向にありますが、「フィンテック」は「金融」に特化した技術です。

　したがって、どのような分野でも「フィンテック」と同じような手法が成功する保証はありません。当然、分野固有の問題も多くあります。

　現在、上記で紹介した分野も含めて、新しい有用な技術が模索されています。

8.2　問題点

　本書で解説したように、「フィンテック」は「IT」と「金融」を融合させ、新たなビジネスチャンスを開拓しようとしています。

　しかし、「フィンテック」が普及するにつれて、将来的には、さまざまな問題点が発生すると考えられます。

　以下では、それらのいくつかについて考えてみましょう。

＊

　まず、「金融」そのものの形が大幅に変わります。

　実際、「金融」の世界が「IT 化」すると、「IT」の手法が「金融の世界の常識」になります。

　これによって、金融機関の業務を効率化でき、ユーザーは「インターネット」を用いて、容易に投資などの金融活動できます。

　しかし、これは「フィンテック」の仕組みが「金融」を大きく動かすことになります。たとえば、金融商品の相場はグローバルに動き、市場を混乱させる可能性もあります。

　また、投資が手軽にできることで大きな損失を受ける投資家も増えるかもしれません。

　いずれにせよ、投資家の投資法および金融業界の労働者の働き方などは、今後、大きく変わるでしょう。

＊

　次に、「フィンテック」によって不利益をこうむる人間が増加する可能性があります。

　ここで、そのような人間を「フィンテック難民」と言うことにしましょう。

　「フィンテック難民」は、当然、社会問題化するでしょう。

　証券会社などの「フィナンシャル・プランナー」の仕事の大部分は「フィンテック」によって IT 化されるので、彼らはさらに高度なスキルをもつことが要求されます。

　このことは他の業務でも同様で、以前から働いていた人が今後働けなくなることを意味します。

　このような事態は、実際、1980 年代に「パソコン」の普及でさまざまな業種で見られました。

「パソコン」を使えない人の仕事は限定され、そのような状況は格差を生む要因になりました。

＊

さらに、ユーザーへの不利益も懸念されます。

金融関連会社の労働者と同様、「IT」についていけない人間は「フィンテック」の世界では投資などが難しくなります。

また、「フィンテック」の技術の発展によって、「融資」の審査が厳密化すれば、多くの人が融資を受けられなくなる可能性もあります。

すなわち、本当にお金が必要な人がお金を借りられなくなることになります。

＊

そして、第 7 章でも述べたように、「資産運用」そのものが「フィンテック」に支配されることにもなります。

このようなことが進めば、我々の人生そのものが「フィンテック」で決定される可能性もあるわけです。

＊

次の問題は、「法整備」です。

「フィンテック」は「IT」を基幹技術としているので、従来の法律ではカバーできない問題が多々あります。すなわち、法整備が現状についていっていないのです。

たとえば、不動産業界は、基本的には、「1952 年ルール」によって動いています。

また、「インターネット」での取引が多くなると、国際的な法整備も必要になります。

＊

最後の問題は、「サイバー犯罪」が増加する可能性です。「フィンテック」では、ネット上の取引が主体になるので、当然、新たな形の「サイバー犯罪」が

出現すると思われます。

　いわゆる「振り込め詐欺」は、さらに巧妙化するでしょう。また、「クラウド・ファンディング」などを利用した「マネーロンダリング」の可能性もあります。

　よって、「フィンテック」に対応する「セキュリティ」が重要になります。すなわち、技術的および人的な「セキュリティ」をさらに強化する必要があります。

8.3　新技術

　「フィンテック」によって、「金融」と我々の生活は大きく変わろうとしています。今後数年で「フィンテック」はある程度定着し、新技術によってさらなる進化が期待されています。

　もちろん、新技術にはさまざまな可能性があり、現在、研究が進められています。
　新技術のポイントになるのは、「高速化」と「知的化」の 2 つになると思われます。
　なぜなら、これらは「フィンテック」において重要な役割を果たすからです。

　「高速化」は、処理を速く行なうことです。そして、ハードウェアまたはソフトウェアで高速化ができます。「知的化」は、処理を賢く行なうことです。

　「賢く」には、さまざまな解釈がありますが、「フィンテック」の場合、利益をできるだけ大きくするのが重要になります。
　そして、「知的化」は「高速化」にも有用な場合もあります。

現在、「新技術」として期待されるものには、次のようなものがあります。

- **HFT**
- **IoT**
- 量子コンピューティング
- 人工知能

「**HFT**」(High Frequency Trading: 高頻度取引)　コンピュータによって自動的にミリ秒単位で多数の取引を行なうこと。

「HFT」のためには、「高速コンピュータ」とある取引に適した「高速アルゴリズム」が必要になります。

　「HFT」は、2000 年代に導入され、現在では、取引の半数は「HFT」によるものとされています。日本では、東京証券取引所で「**arrowhead**」が 2010 年に導入され、「HFT」が可能になりました。

*

「**IoT**」(Internet of Things)　あらゆる「もの」(thing) をインターネットに接続させること。

　すなわち、コンピュータ以外の「もの」も端末とし利用し、情報処理を行なうことを目的としています。

　家電製品などでは、「IoT」は一部実現されており、その応用範囲は拡大しています。たとえば、前述の「アグリテック」などでは、植物や動物を端末化すれば「IoT」を応用でき、新しい形態の農業を確立できる可能性もあります。

*

「**量子コンピューティング**」(Quantum Computing)　「量子力学」の原理を利用した超高速計算技術です (赤間 (2010)、Akama (2015)

参照)。実際にも、実験的な「量子コンピュータ」も開発されています。

　「量子コンピュータ」が実用化され、「フィンテック」の世界に利用されると、現在の「HFT」をはるかにしのぐ取引が可能になります。

　しかし、そのような「フィンテック」に対応した「量子コンピュータ」が出現するのはまだ先 (10 年以内？) になりそうです。

*

「人工知能」(Artificial Intelligence: AI)　人間の知的処理をコンピュータで実現する分野 (赤間 (2012) 参照)。

　その歴史は古く、1950 年代から研究が行なわれており、近年では、実用的な「AI システム」も多くなっています。

　現在、AI ブームが再到来しています。特に、「ディープラーニング」という「学習理論」の将棋などへの応用で「AI」の応用の可能性が有望視されています。

　「AI」のいくつかの手法は、「フィンテック」の推進に有効と考えられます。

　実際、第 4 章で紹介した「ロボアドバイザー」では、「AI」の手法が用いられています。

　しかし、「フィンテック」で有効な「AI」の手法は「自然言語処理」「プランニング」「常識推論」などになります。

　これらの分野が「フィンテック」に有用なレベルに達しているかは議論の余地があります。

*

　本書では、「フィンテック」の現状を解説しました。

　現在、マスコミでも「フィンテック」は頻繁に取り上げられ、今後の発展が予想されています。

　「フィンテック」が有用なのは明白ですが、その真価を評価するには、しばらく時間を待つ必要があります。

参考文献

赤間世紀: 量子コンピューティングがわかる本, 工学社, 2010.

赤間世紀: 人工知能教科書, 工学社, 2012.

赤間世紀: ビッグデータがわかる本, 工学社, 2013.

Akama, S.: *Elements of Quantum Computing*, Springer, Heidelberg, 2015.

Back, A.: Hash cash: A denial of service counter-measure, Technical Report, 2002.

Merkle, R.: Protocols for public key cryptosystems, *Proc. of the 4th ACM Conference on Computer and Communication Security*, 28-35, 1997.

Nakamoto, S.: Bitcoin: A peer-to-peer electoronic Cash system, 2009.

[参考URL]

ZocDoC: https://zocdoc.com

キンダーパン: https://jp.kiderpan.com

ファームノート: https://farmnote.jp

シャノン: https://shanon.co.jp

マンションマーケット: https://mansion-market.com

おうちダイレクト: https://realstate.yahoo.co.jp/direct

Nomad: https://hnomad-a.jp

ietty: https://ietty.co.jp

Zopa: https://www.zopa.com

Prosper: https://www.prosper.com

Lending Club: https://www.lendingclub.com

maneo: https://www.maneo.jp

ふるさとチョイス: https://www.furusato-tax.jp/gcf

MotionGallery: https://motion-gallery.net

ランサーズ: https://lancers.jp

Square: https://squareup.com/jp

Coiney: https://coiney.com

楽天スマートペイ: https://smartpay.rakuten.co.jp

Pay Pal: https://www.paypal.com/jp/webapps/mpp/home

Apple Pay: https://www.apple.com/jp/apple-pay/

Waon: https://www.waon.net

楽天 Edy: https://edy.rakuten.co.jp

Pasmo: https://www.pasmo.co.jp

Suica: https://www.jreast.co.jp/suica/

Nanaco: https://www.nanaco-net.jp

THEO: https://theo.blue

SMART FOLIO: https://fund.www.mizuhobank.co.jp/webasp/mizuho-bk/simu

PORTSTAR: https://portstar.mukam.jp/lp/1606lp.html

索　引

127

■著者略歴

赤間　世紀（あかま・せいき）

1984 年	東京理科大学理工学部経営工学科卒業
同年	富士通株式会社入社
1990 年	工学博士（慶應義塾大学）
1993 ～ 2006 年	帝京平成大学情報システム学科講師
2006 年～	シー・リパブリックアドバイザー
2008 ～ 2010 年	筑波大学大学院システム情報工学研究科客員教授

[主な著書]

ウェーブレット変換がわかる本 ウェーブレット変換がわかる本 (実践編) DNA コンピュータがわかる本 R ではじめるプログラミング LATEX 論文作成マニュアル 集合知入門 ビッグデータがわかる本 基礎からわかる統計学	「R」ではじめる統計 マルチメディア入門 [増補版]他、多数。 （以上、工学社） Towards Paraconsistent Engineering Introduction to Annotated Logics Elements of Quantum Computing （以上、Springer）

質問に関して

本書の内容に関するご質問は、

① 返信用の切手を同封した手紙
② 往復はがき
③ FAX(03)5269-6031
　(ご自宅の FAX 番号を明記してください)
④ E-mail　editors@kohgakusha.co.jp

のいずれかで、工学社編集部宛にお願いします。電話によるお問い合わせはご遠慮ください。

サポートページは下記にあります。
[工学社サイト] http://www.kohgakusha.co.jp/

I/O BOOKS

フィンテック入門

平成 29 年 2 月 20 日　初版発行　©2017	著　者	赤間　世紀	
	編　集	I/O 編集部	
	発行人	星　正明	
	発行所	株式会社工学社	
		〒 160-0004	
		東京都新宿区四谷 4-28-20　2F	
	電話	(03)5269-2041(代) [営業]	
		(03)5269-6041(代) [編集]	
※定価はカバーに表示してあります。	振替口座	00150-6-22510	

[印刷] 図書印刷 (株)

ISBN978-4-7775-1993-4